Investment

Investment

Investment

Investment

63張圖教你漲跌都能賺

株で月10万円稼ぐ！ 相場式 暴落＆暴騰で儲ける株のトリセツ

日本股神 相場師朗 著

張瑜庭 譯

2 學會相場式投資術，任何股市都能賺

3 從線圖掌握
相場式選股關鍵

4 相場式最強投資武器和股價使用說明書

5 嚴選相場式 5 大最佳買賣訊號

6 投資人的最高休息法

歡迎來到我的獲利道場

　　有時彷彿天使般輕舞飛揚，有時搖身一變為惡魔使得人心惶惶，陷入恐慌——這就是股價。

　　當報紙標題寫著「日經平均股價指數下滑 1,000 點！」「史上最大暴跌」時，想必許多人會感到不安，覺得「股票果然碰不得」。

　　2020 年 3 月，受到新型冠狀病毒疫情蔓延的衝擊，日經平均股價指數連日下跌，每日連續下跌超過 1,000 點。3 月 19 日盤中出現 16,358 點的最低點，和 2020 年初以來在 1 月 17 日創下的最高點 24,115 點相比，跌幅為 32%。

　　別說散戶投資人了，連人稱「專家」的機構投資人都紛紛發出絕望的慘叫。

　　在這樣的背景下，我所經營的「股票道場」擁有約 3,500 名學生，是亞洲最大規模的股票投資學堂。我每天都會收到許多學生的郵件或親筆信。

「這不是大賠了嗎？你要怎麼幫我！」「老師，我要放棄投資股票了。」應該很多人以為，我會被陷入恐慌的學生們的這些抱怨和抗議聲浪淹沒吧。

但實際上正好相反。

「老師，這是我人生中最賺錢的時刻！」

「才一個月就獲利 400 萬日圓！」

「原來投資股票這麼簡單啊！」

來自會員的郵件和信件中，滿溢著感謝、感動和歡喜之情。閱讀這些文字後，我每天都感到很幸福。

關於投資股票，我至今已重複說過很多遍：「股票就是上漲後下跌、下跌後上漲的生物。因此，只要在上漲時做多、在下跌時做空，機會、獲利和幸福感都會倍增。」

我親愛的學生們都很扎實地實踐這番教導。即使在新冠疫情造成的暴跌走勢，以及在那之後的強勢反彈中，他們仍能靠著相場式投資技術，賺進龐大收益。

這是我近 40 年的投資歷程中，比自己獲利還要更開心的事情。

股票投資的世界中，總是瀰漫著「股票不漲就不會賺」「跌了就會賠」的迷思。

　　很多人誤以為，每當股價暴跌或是長期低迷的時候，投資人就只能大賠一筆，垂頭喪氣地離開投資世界。我對這樣的誤解感到憂心忡忡，於是決心開啟股票投資的「啟蒙運動」。

　　「無論股票上漲或下跌，無論走勢偏向何處，都有辦法獲勝！請各位好好學習『上漲時做多、下跌時放空』的獲利技術。」

　　股票道場的學生們反覆聆聽這條教義，聽到耳朵都要長繭了；眼睛也因為持續看著股價線圖，看到都要冒血絲。他們一路磨練股票投資技術，因此在其他投資人飽受恐懼與不安侵擾的疫情期間，我的學生都能不慌不忙地想起這條教義：

　　「對了！這種時候只要放空就好了。」

　　結果，股票道場的許多學生，都在疫情影響下的暴跌走勢獲得「人生賺最多」「獲利好幾百萬」「相當於一年收入」的龐大收益。而在那之後的股市反彈上漲中，他們也早已從線圖中瞧出端倪，輕鬆賺進大把鈔票。

　　股票道場的學生無論做多或做空都能獲利，我本人當然也獲得龐

大收益。此時,我不禁體會到「投資股票果然是種技術」。

只要學會扎實的技術,便能應付任何緊急狀況。以平常心冷靜而正確地操作每一步,就能度過難關,獲得龐大收益。

只要掌握好方向,當股價劇烈變動的時候,遠比小幅波動的時候更能獲得高收益。

沒錯,「暴跌」「暴漲」其實就是投資世界中最能賺錢的大好機會。我的學生縱使在疫情衝擊下都還能賺進百萬,如果你只想安穩獲得月入數千至數萬的收益,那麼只要閱讀本書,再加上練習,就足以達成目標。

請以這次疫情衝擊下獲得的教訓為本,確實學習如何面對暴跌、暴漲,以及「在那之後的股價波動」。

堅定、勤勉、還要當個緊盯股價動向的「股市跟蹤狂」。

只要確實閱讀本書內容,勤加磨練股票投資技術,就不用再害怕暴跌和暴漲了。請保持不受動搖的平常心,好好學習在任何市場都能致勝的技術。祝福所有散戶投資人好運連連!

第 1 章

危機中仍獲利！

相場式投資祕訣

疫情帶來的投資啟示

2019 年 12 月，中國武漢市發現第一起新型冠狀病毒的感染病例，疫情很快就蔓延至全世界，造成全球大流行。在本書執筆當下（2020 年 6 月 22 日），全球感染人數已達 906 萬人，並造成 47 萬名死亡病例。

2020 年 3 月，疫情蔓延至歐美各國，造成全世界股價大暴跌。日經平均股價指數從 2020 年 1 月的高點下滑約 32%；美國紐約道瓊指數也從 2 月創下歷史新高以來，下滑了大約 38%。

圖 1 為疫情造成暴跌前的日經平均股價指數變動。從 2 月中旬至 3 月中旬，大盤宛如尼加拉瀑布般，以陡峭的角度傾瀉而下，簡直完美示範何謂「暴跌」。

在疫情造成衝擊前，歷史上已有過數次暴跌紀錄：1990 年代的經濟泡沫破裂、2000 年的網路泡沫破裂、2001 年的美國 911 事件、2006 年的活力門事件[1]、2008 年的金融海嘯。股市一路經歷了許多衝擊，但

---

1 編註：日本活力門公司涉嫌違反證券交易法，造成日本股市崩盤。

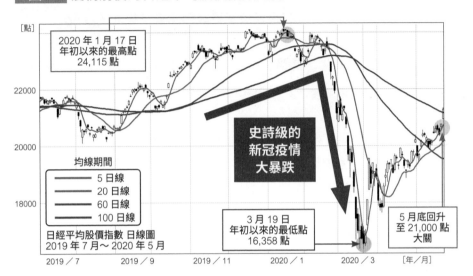

圖 1 疫情前後的日經平均股價指數走勢

[點]

2020 年 1 月 17 日
年初以來的最高點
24,115 點

22000

均線期間

― 5 日線
― 20 日線
― 60 日線
― 100 日線

日經平均股價指數 日線圖
2019 年 7 月～2020 年 5 月

20000

18000

史詩級的
新冠疫情
大暴跌

3 月 19 日
年初以來的最低點
16,358 點

5 月底回升
至 21,000 點
大關

2019／7　　2019／9　　2019／11　　2020／1　　2020／3　　[年／月]

這次疫情和過往不同的是，為了防止疫情擴散，各國政府針對人們外出、移動、出入國都設下了嚴格限制，使經濟活動幾乎完全停擺。

有人將因雷曼兄弟公司破產而引發的金融海嘯稱為前所未有的金融危機，但當時人們仍會在晚上逛街、唱卡拉 OK。另一方面，2011 年的 311 大地震以日本東北地區為中心，雖然造成了重大災害，但災區以外的餐廳和居酒屋仍照常營業。

各種大大小小的經濟活動，尤其外食、旅遊、購物等消費活動，從未在這麼長的期間、這麼廣的範圍停擺。

當時新冠病毒的專用疫苗尚未發明，我們也無法得知何時會出現第二波、第三波疫情，可說是處於**不可能預測未來經濟的狀況**。

即使如此，如上一頁**圖 1** 所示，奇妙的是日經平均股價指數在 3 月出現最低點以來，到了 6 月上旬已回升至 23,000 點大關。

有人說「股價是一面反映人類經濟活動的明鏡」。如果此言為真，那麼照理說應該會繼續下跌才對，畢竟經濟情況仍持續低迷，堪稱「史上最差」也不為過。

然而，為什麼股價不會「自主管理」「居家隔離」，反而還「少根筋」似地上揚了呢？就讓我來解答吧。

股價與其說是反映實際經濟狀況，不如說是人們認為「疫情總有一天會消失，全世界將會恢復原先的活絡」，就是這樣的「期待」帶動了股價的變化。

帶動股價的關鍵，是投資人的心理狀態，也就是期待、希望、恐懼和不安。股價確實是一面明鏡，但映照出的是這些情緒。

我在觀察疫情中的股價變動時，發現了「6 大真相」。

投資的真相①：帶動股價的不是公司業績

股市分析可以概分為兩種：「基本面分析」和「技術面分析」。

基本面分析講述的是「基礎經濟狀況」，也就是分析國內生產總值（GDP）、公司業績、除權息、經營事業前景好壞，在理解上稍微複雜麻煩一些。

基本面分析者會解析日本和全球經濟動向、企業收益能力、成長性，然後判斷目前股價偏高還是偏低。

至於技術面分析，以相場式投資法的角度來看，那就是「所有的經濟狀況和變化都會瞬間反映於線圖，也就是股價變動。因此只靠股價變動情形來分析未來股價」。總之，**只看股價**，僅此而已。

技術分析的原文「Technical」在日語中有很多種譯詞，其中一個就是「技術性」。磨練技術面分析的技術，將之磨亮、磨利，作為最強的武器活用，這就是相場式投資技術的鐵則。

股價變動關鍵不是業績，
而是技術面

　　在疫情衝擊股市的時候，我透過雞肉串燒連鎖店鳥貴族的股價線圖，更加確信了「投資股票致勝的關鍵，果然只有磨練分析股價變動的技術」。

　　2020 年 4 月 2 日，鳥貴族公告 394 家直營店將於 4 月 4 日至 4 月 12 日停止營業。停業期間數次延長，到了 5 月 19 日才終於有部分直營店重啟營業。這些直營店在上述期間的營業額是零，沒有任何現金進帳，但公司仍須支付包含店長在內近 800 名員工的薪水和店租。

　　如果以基本面分析來看，亦即從公司業績來預測，應該會做出「即刻賣出鳥貴族股票」的判斷。

　　然而，請看圖 2：鳥貴族的股價線圖。**在 4 月 2 日公告所有直營店停止營業之後，股價就馬上打底、反彈回升。**

　　4 月 2 日、3 日股價仍下跌，3 日出現最低點 1,190 日圓，但過了

一周後，4月6日出現帶有上影線的**長紅線①**。

圖中也標示了相場式股票投資常用的均線（將於第4章說明），可以看到①的上影線突破了5日線，5日線代表過去5天的平均股價。

4月8日出現**長紅線②**之後，5日線從急遽向下轉為走平，股價開始輕快上揚。

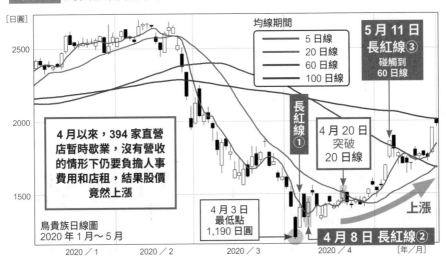

圖2 鳥貴族營收為零，股價卻上漲

4月20日突破20日線之後，5月11日出現了**長紅線③**，並且碰觸到60日線。沒有營收就等於業績下滑，可見「業績帶動股價」並無

法說明這檔個股的股價變動情況。

　　這不只發生在鳥貴族這檔個股。許多因為疫情造成營收趨近於零的其他個股，也如同鳥貴族般，股價持續上揚。

　　圖3是松屋百貨的股價。該公司的股價在3月13日的低點455日圓之後反轉上揚。3月下旬正是東京都內新冠病毒感染人數從十人以下升至二位數的時期，外出人數大幅減少。

圖3　松屋百貨分店暫時歇業，股價卻上漲

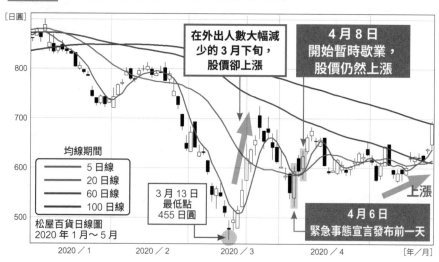

2020 年 4 月 7 日，日本政府發布緊急事態宣言。4 月 8 日，該公司位於淺草、銀座的兩家分店開始暫時歇業。即使如此，松屋的股價仍然持續上漲。

4 月至 5 月中旬，所有松屋百貨不見重新營業的跡象，如果股價真的由公司業績帶動，為什麼那段時間的松屋股價未見下滑呢？

下一頁圖 4 是經營唐吉訶德的泛太平洋國際控股公司（Pan Pacific International Holdings Corporation，PPIHD）股價。在疫情衝擊前，唐吉訶德因日本入境需求（訪日外國人旅客）而賺取了龐大收益，但在疫情爆發後，來店人次減少，該公司 3、4 月分的現有分店營收與前一年同月相比，減少了將近 5%。

唐吉訶德的分店營收通常會超過前一年的兩倍，對於持續締造優秀業績的公司來說，下滑 5% 是相當嚴峻的情況。

然而，請看圖 4 的月線圖。儘管受到疫情衝擊，公司業績惡化，但股價卻不斷創下上市以來的新高。

圖4 即使營收減少，PPIHD 仍創下上市以來新高

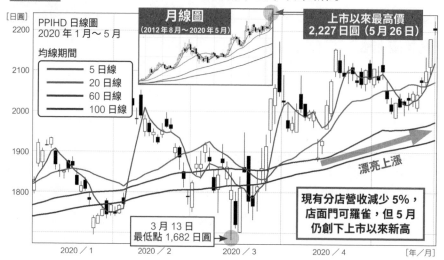

再請看日線圖，PPIHD 以 1,682 日圓為最低點，股價持續激烈動盪，看來股票沒有打算乖乖切換為防疫期間的自主隔離模式，依然高調呈現上漲趨勢。

營收明明因為疫情衝擊而下降了，股價卻反而上揚，這也太奇怪了吧？

要是一味抱持「營收減少，今後股價就會下跌」的想法，於是決定放空 PPIHD 的話，想必會賠不少錢。

看完鳥貴族、松屋百貨、PPIHD 的例子後，我想提出的建議是：「**股價的變動和公司業績完全無關。不要一味相信理論，請緊盯股價的變動就好，不然就要賠大錢退場了！**」

這次疫情，意外地證明了**基本面分析有多麼不準確**。

聽好了，各位，如果要投資股票，請**將百分之百的精神集中在股價的變動**。不要分神關注其他事情，只要單純、認真、仔細地注意由 K 線和均線交織而成的圖形。

這麼一來，就能輕鬆將疫情造成的暴跌，和在那之後的反彈回升走勢，全都化為獲利。

 投資的真相②：暴跌非常容易掌握

雖然報紙和新聞都以「二戰後最糟的緊急狀況」「史上最慘的經濟蕭條」來形容疫情下的日本，但如果是深知相場師朗教誨的人，在股價受到疫情衝擊以前，光看股價線圖就能輕鬆預測「接下來會下跌」。經過這次暴跌，我也深深感受到：**股價暴跌前的股價變動，在這 30 年間完全沒有改變**。

我們來看看日經平均股價指數，在受到疫情衝擊而暴跌前的變動吧（圖 5-1）。從 2019 年 9 月開始，日經平均股價指數就持續上揚。但指數彷彿在 24,000 點大關碰到「高牆」，12 月 17 日的最高點是 24,091 點 Ⓐ，1 月 17 日的最高點是 24,115 點 Ⓑ，2 月 6 日的最高點是 23,995 點 Ⓒ，這三次都無法持續突破，指數就往下掉了。

以相場式訊號來說，這種挑戰突破高牆（嘗試攻頂）卻反而往下掉（攻頂失敗）的狀況，我稱為「嘗試攻頂失敗」。

圖 5-1 疫情造成暴跌前後的日經平均股價指數變動

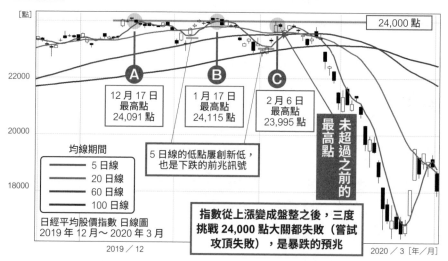

24,000 點

Ⓐ 12 月 17 日最高點 24,091 點

Ⓑ 1 月 17 日最高點 24,115 點

Ⓒ 2 月 6 日最高點 23,995 點

未超過之前的最高點

5 日線的低點屢創新低，也是下跌的前兆訊號

均線期間
5 日線
20 日線
60 日線
100 日線

日經平均股價指數 日線圖
2019 年 12 月～ 2020 年 3 月

指數從上漲變成盤整之後，三度挑戰 24,000 點大關都失敗（嘗試攻頂失敗），是暴跌的預兆

2019／12

2020／3 [年／月]

股價的變動基本上是「上漲、盤整、下跌」或是「下跌、盤整、上漲」。在疫情造成暴跌之前，日經平均股價指數可說是持續著「上漲後盤整」的狀態。而且最高點 **C** 並未刷新最高點 **B** 的紀錄，這也是下墜前的訊號。

如果是認真學習相場師朗技術的學生，在看到最高點 **C** 未超過 **B** 時，應該就會做好「可能會下跌」的心理準備。

2 月下旬，紅色的 5 日線跌破（低於）最近一次的 5 日線低點，這也讓人產生下跌的預感。

接著請看下一頁**圖 5-2**。2 月 25 日，一度出現和前一天相比下跌1,000 點的黑線 **D**。看到這根黑線，我的學生應該就會看準下墜趨勢的轉捩點，並開始操作放空。

黑線 **D** 一口氣跌破最近的低點 **E** 線。再加上 K 線從 5 日線的上方跳到下方，發生了相場式超經典的下跌訊號「**反下半身**」（有關「下半身」「反下半身」訊號指標，將於第 5 章說明）。

看到指數快要脫離 24,000 點的關卡，卻持續著無法突破的狀態，再加上一口氣跌破最近的低點 **E** 線，那就是貨真價實的下跌訊號。

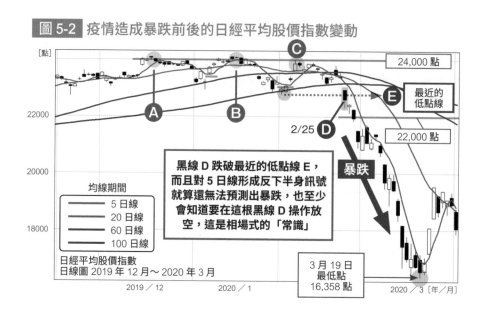

圖 5-2 疫情造成暴跌前後的日經平均股價指數變動

[點]

24,000 點

最近的低點線

22000

2/25 D

22,000 點

黑線 D 跌破最近的低點線 E，
而且對 5 日線形成反下半身訊號
就算還無法預測出暴跌，也至少
會知道要在這根黑線 D 操作放
空，這是相場式的「常識」

20000

均線期間

暴跌

5 日線
20 日線
60 日線
100 日線

18000

日經平均股價指數
日線圖 2019 年 12 月～2020 年 3 月

3 月 19 日
最低點
16,358 點

2019／12   2020／1   2020／3 [年／月]

有鑑於線圖中亮起這麼多下跌訊號，即使沒料到會暴跌，在看圖
後也想必能瞬間理解：「接下來會大跌！」

連很多專業投資人也因為這次疫情造成的暴跌而賠錢。但每位學
習相場式技術的投資者，除了不小心睡過頭的人以外，應該都因為這
次的暴跌而大賺一筆。

股價暴跌和暴漲是最容易賺錢的時候。價格變動越快、越激烈、
越大，就能賺越多錢。但是，成功只留給事前充分學習與準備的人。

股價變動的模式，基本上都是一樣的。實際上無論是在疫情爆發前，還是疫情導致的暴跌當下，又或是在暴跌之後的走勢，股價模式並沒有新的變化。

　　在發生疫情前，經濟活動暢行無阻，因此任何股價變動都可以在事後用「公司發表新產品」「業績下調了」等理由放「馬後炮」。

　　然而受到疫情影響，諸如鳥貴族、松屋百貨、唐吉訶德（泛太平洋國際控股）這些企業暫停了經濟活動，以基本面分析來看，未來「只可能持續下跌」，但實際上股價卻上漲，而且這種狀況頻繁發生。面對這種奇怪的狀況，若以相場式訊號來解讀，其實全部都能得到合理的解釋。

　　預測股價變動，完全不需要分析經濟或公司業績。這是我一直以來的主張。在這次疫情造成的暴跌下，正好證明了此主張千真萬確。

股價是心理戰，
線圖是反映人心的明鏡

是什麼因素帶動著股價呢？如同前文提到，是「人心」，也就是投資人的心理狀態，諸如期待和希望、恐懼和不安等情緒。

容我再次強調，鳥貴族和松屋百貨的股價之所以在暫時歇業後仍反轉上揚，全是因為**人們的期待感**，認為「疫情趨緩後就會重新開業」。

在這份模糊的期待下，越來越多人認為「現在股價很划算，不買就虧大了」。這就是為什麼即使公司業績極差，股價卻依然上漲。股價稍微上漲後，有賺頭的投資人會認為「既然已經漲了，就先賣掉吧」，於是賣出股票，獲利了結。

因此，原本逐漸上揚的股價就會稍微下跌。這種時候，有些股票會因為這波賣壓而引來更多賣壓，使得股價繼續下跌。

投資的真相③：帶動股價的因素只有
「投資人的買賣行為」

　　股價為什麼會變化？新冠疫情再次為我們解答了這道大哉問，那
就是新冠疫情帶來的第三個投資真相：帶動股價的唯一關鍵，就是投
資人的交易行為。

　　無論公司業績多差，只要有人買它的股票，股價就會上漲；反之，
無論公司業績多好，只要想賣股票的人增加，股價就會下跌。這是最
簡單明確的真相。

　　正因為股價來到高點，才有可能發生暴跌。假如人從 1 公尺高的
地方跳下，那麼下墜的幅度並沒什麼大不了。但如果從標高 100 公尺，
甚至 1000 公尺的地方一躍而下，則下墜的過程就會變得既激烈又快速。
暴跌／暴漲的股價，其下滑／上揚的氣勢越強勁，線圖上的買賣訊號
就越清楚易讀。所以我才會說，暴漲、暴跌是最棒的獲利時機。

從暴跌到反彈的
訊號判讀方式

就讓我們來看看疫情造成的暴跌，以及其後反彈上揚的訊號有多明顯吧！

圖 6 是日經平均股價指數線圖，並將 2020 年 3 月暴跌後至反彈上揚過程放大後的結果。圖中隨處可見相場式經典訊號。

舉例來說，開始暴跌後的第七根 K 線是紅線，指數暫時在這裡止跌。接著又開始暴跌，持續好幾根黑線，在第九根 K 線第一次出現了較長的紅線，呈現反轉上揚的局勢。

這個現象正符合相場式訊號「**9 日法則**」：**股價的下跌和上漲往往會持續九根 K 線**（之後將於第 2 章詳述）。

在正式進入反彈上揚的地方，也亮起了漂亮的「N 大」訊號。N 大指的是在向上走的 20 日線上，5 日線如「N」字形般，呈現上揚→短暫下跌→再度上揚的變化，暗示著股價將轉為上漲走勢。

圖中Ⓐ區就是典型的N大，由**長紅線**①完成這個訊號的圖形，同時**長紅線**①也形成相場式上漲訊號「下半身」——由下往上突破向上走的5日線，表示此時是轉為做多的絕佳機會。

　　指數轉為上漲後，Ⓑ區和Ⓒ區也亮起相場式暫跌買進訊號「分歧」，因此可以在下半身訊號的**紅線**②、大幅躍上5日線的**黑線**③買進。針對N大以及分歧訊號，我將在第5章進行更詳細的說明。

図6　疫情造成暴跌和反彈上揚時出現的相場式訊號

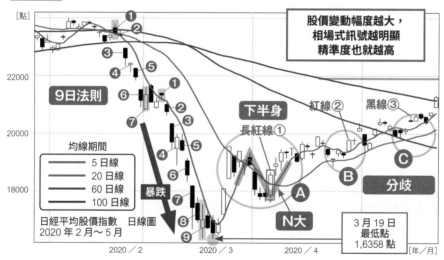

**投資的真相④：疫情下的股市就像高爾夫球，
基本功最重要**

　　股票的世界很像高爾夫球場。高爾夫球場遍布全國各地，各有不同的場內路線；股票也有上漲、下跌、盤整、暴漲或暴跌、反彈上揚或下墜等不同形態的「路線」。

　　專業的高爾夫球選手會配合球場的地形設計，擬定各種策略；但業餘人士不會面臨「今天採用東京高爾夫球場的打法，明天用千葉高爾夫球場的打法」這種情況，無論面對哪種球場，他們的策略都一樣。

　　從這次疫情中，我們可以看到第四個真相：**不斷改變策略，是沒有效率的事**。換句話說，「分析經濟情勢、公司業績」的策略，並不適用於疫情下的股市。

　　身為散戶，我們唯一能做的就是老實磨練基本功，來面對各種類型的高爾夫球場。用扎實的技術擊中小小的球，縮短你與果嶺的距離，進入果嶺後瞄準進洞。

　　如果只看公司業績表現來買賣股票，在這次疫情中，就會犯下「在3月中旬的谷底賣出，結果又在高點買進」的大錯。

這是一場前所未有的大規模實驗，測試「零營收或無法預測業績的企業股價如何變動」。別依賴基本面分析，這就是這場實驗帶來的寶貴教訓。

 投資的真相⑤：基本面有多不可靠？
　　　　　　　縱使連專家都失誤連連

專家也是會犯錯的。2020 年 3 月股市暴跌時，許多投資名嘴認為「今年股市會很慘」「接下來幾年內業績都會一蹶不振，因此股價也不會漲」，但結果如何呢？相信大家現在都非常清楚。

例如選舉前，大眾媒體會進行出口民調來預測結果。**股價的線圖分析，就像是預測股價變動的出口民調**。線圖能夠顯示目前投資人在「多」「空」之間的投票選擇。假設投票結果顯示投給「空」的人較多，就能毫不猶豫地透過放空賺取收益。

眾所皆知，股票就像投資人之間的人氣投票。如果投給「買進」的人較多，股價就會上漲；投給「賣出」的人較多，股價就會下跌，這是相當簡單的原理。

舉例來說，當 5 日線在 20 日線之上，呈現上漲趨勢時，表示這 5 天內投給買進的人，遠高於過去 20 天。也就是說「買進股票黨」的支持率變高了。

請仔細觀察線圖上的股價變動，做好出口民調，面對任何發展都以扎實的相場式訊號技術來因應，打出正確球路。這是致勝的唯一成功法則。

 投資的真相⑥：掌握自己的好球帶

很遺憾，這次疫情中有不少人慘賠作收，但是也有人實踐相場式投資技術後，締造「人生最賺錢的時刻」。各位不妨抓準股價劇烈變動的機會，將「暴跌」訂為自己的「好球帶」。**股價暴跌都有相似的軌跡**，只要能成功看出徵兆，就能迎來好結局。

請看**圖 7**，這是在疫情爆發前，2018 年 12 月至 2019 年 1 月上旬的日經平均股價指數變動。

右上角是 2020 年 2 月以來因疫情而暴跌的走勢，兩相比較之下，除了部分細節上的差異外，兩者可說是非常相似。

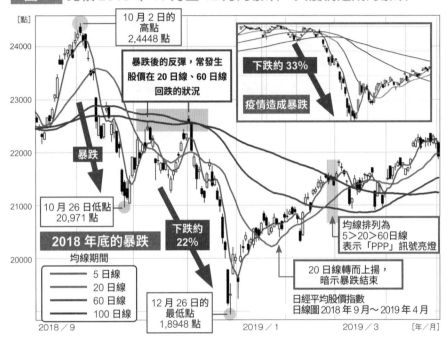

圖7 比較 2018 年 10 月至 12 月的暴跌,與疫情造成的暴跌

[點]

10 月 2 日的
高點
2,4448 點

暴跌後的反彈,常發生
股價在 20 日線、60 日線
回跌的狀況

下跌約 33%

疫情造成暴跌

24000

23000

暴跌

22000

10 月 26 日低點
20,971 點

2018 年底的暴跌

下跌約
22%

21000

均線期間

5 日線
20 日線
60 日線
100 日線

20000

均線排列為
5 > 20 > 60 日線
表示「PPP」訊號亮燈

20 日線轉而上揚,
暗示暴跌結束

12 月 26 日的
最低點
1,8948 點

日經平均股價指數
日線圖 2018 年 9 月～2019 年 4 月

2018／9

2019／1

2019／3

[年／月]

圖 7 股神解析

比較兩張暴跌的線圖後,就可以知道暴跌時股價指數變動的重點。

· 例如,當指數大幅跌破之前的最低點時,代表正式開始暴跌。

· 在暴跌後的反彈上升過程中,指數經常在漲回 20 日線或 60 日線等中長期
均線時,又暫時回跌。

· 當指數或 5 日線不再低於之前的低點,且 20 日線從向下走勢轉為盤整,並
再次上揚時,即暗示暴跌結束。

· 當「實際指數」「5 日線」「20 日線」依序超越原先位在上方的 60 日線,
且指數與各均線的排列和走勢完全相同,形成「PPP」(相場式獨門訊號之
一,用以提示趨勢轉換點,將於第五章詳述)時,表示完全轉為上漲趨勢。

只要把過去發生過的暴跌圖形牢記在腦海裡，就再也不需要害怕任何走勢。

　　如果你覺得「股價暴跌超可怕」，或是不敢碰信用交易的話，不妨勇於把暴漲走勢當成你的優勢，虎視眈眈瞄準上漲的時機就行了。

　　圖8是**圖7**（2018年底以來）的暴跌結束約半年後的線圖。自2019年9月以來的日經平均股價指數呈現漲勢，但2019年8月指數三度跌至接近20,000點大關。

　　只要謹記相場式投資技術的咒語：「股價只會下跌、盤整、上漲」，就能預測到走勢盤整後可能上漲，並在此時買進股票。

　　只要養成這種思考迴路，當線圖上出現指數超過盤整高點線的**長紅線A**時，就能毫不猶豫地果斷買進。如此一來，再加上「9日法則」的智慧（值得一提的是在這個例子中，黑線居然直到第11根才出現），即可輕鬆賺價差。

　　在那之後的反轉上揚中，🅐的5日線形成N字形上漲，這就是預告大趨勢即將到來的「N大」訊號。

　　在上漲走勢一度停擺時（🅑和🅒），出現好幾次暗示暫跌買進的「分歧」訊號，預告各位買進的時機。

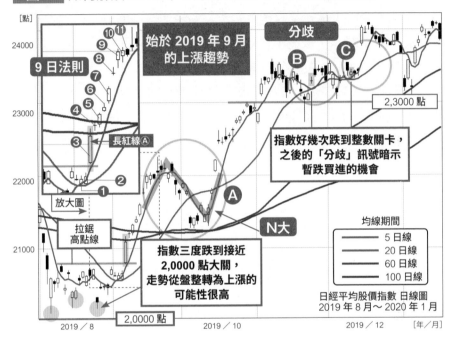

圖8 如何解讀 2019 年 8 月至 2020 年 1 月的上漲走勢

[點]

- 24000
- 23000
- 22000
- 21000

9 日法則

始於 2019 年 9 月
的上漲趨勢

分歧

B C

2,3000 點

指數好幾次跌到整數關卡，
之後的「分歧」訊號暗示
暫跌買進的機會

長紅線Ⓐ

Ⓐ

N 大

放大圖

拉鋸
高點線

指數三度跌到接近
2,0000 點大關，
走勢從盤整轉為上漲的
可能性很高

均線期間
—— 5 日線
—— 20 日線
—— 60 日線
—— 100 日線

日經平均股價指數 日線圖
2019 年 8 月～2020 年 1 月

2,0000 點

2019／8   2019／10   2019／12   [年／月]

圖 8 股神解析 ※「PPP」的詳細說明請見第 5 章。

如何讓股市的上漲走勢成為你最拿手的「好球帶」呢？請務必注意以下重點：

- 當「股價下跌後進入盤整」時，可以預知「接下來會漲」並做好準備。剛
  轉為上漲趨勢的階段最有賺頭！
- 在突破盤整的高點線上時買進；在上漲期間則運用「9 日法則」累積獲利。
- 指數一度下跌，在 5 日線相對 20 日線的位置亮起「N 大」「分歧」訊號時，
  就是暫跌買進的機會。
- 在均線排列呈現 5 日線＞ 20 日線＞ 60 日線的 PPP 期間，初學者不妨反覆
  遵循「稍微下跌就買進」的交易節奏，從上漲走勢開始鍛鍊自己的「好球
  帶」。

就像這樣，請各位盡量多多記住這些線圖形態，無論走勢是暴漲、暴跌，或普通的上漲、下跌都無妨，只要精通線圖的每一種變動方式，即使股價創下新高／新低，也能完全預測接下來的走向。

「在投資的世界裡，原地不動也不會被三振出局。」──這是我經常掛在嘴邊的話。請鎖定追蹤自己認為是「好球」的個股即可，如果判斷是「壞球」，不妨暫時休息一下。就算沒有揮棒，在股票投資的世界也不會被判出局。

本書將列舉股價暴跌、暴漲的具體案例，教你鑑別哪些線圖容易致勝；哪些則不，並驗證各種相場式訊號的成功案例、失敗案例，各位可藉此提高訊號預測的精準度。本書適合從零基礎開始學習股票的人，也適用於想提升現有技術的人。

前面提到「投資股票也要休息」，通常在什麼樣的股市狀態下可以稍微喘口氣呢？我將**在第 6 章首次公開投資人的最高休息法**。

讀完本書後，你所獲得的技術及堅強的心志，將足以幫助你戰勝「史上最殘酷暴跌」「令人不寒而慄的暴漲」。

在努力避免失敗的同時，你也將會養成沉著冷靜的「選球眼」，專注緊盯勝利的訊號！

第 2 章

學會相場式
投資術，
任何股市都能賺

暴跌變暴賺的第一步：
擁有信用交易帳戶

　　疫情之下，連股票專家也難逃慘賠的命運，但仍有人在此時經歷了「人生最賺錢」的時刻。這是怎麼辦到的呢？能夠在疫情中順利獲利的人，都懂得操作信用交易的「放空」技術。

　　使用一般的現股交易帳戶雖然可以買股票，但是不能用來放空。**買賣現股，就只能靠股價上漲來獲利。**

　　相對地，如果想在股價暴跌時也能獲利，就必須先開設信用交易帳戶，並確實學習放空技術，再加上充足練習，即可勇於進入投資的殿堂。

　　說到信用交易，相信很多人會認定「風險很高，可能會傾家蕩產」而退卻。但只要學會看懂相場式訊號，確實遵守紀律、貫徹停損（認賠殺出），就能避免過度恐懼。

　　以日本為例，信用交易指的是將 30 萬日圓以上的現金或股票證券

當作保證金，交給開設帳戶的證券公司，以該「信用」為本進行投資。投資人最高可使用保證金評估值的三‧三倍金額進行交易，這是信用交易的其中一個優點。[1]

假設將 100 萬日圓的現金存入信用交易帳戶，最高即可操作約 330 萬日圓的投資交易。能投入比本金更高的金額，就能更有效率地獲利，但反過來說，風險當然也會升高。

以最高金額投資的話，就會形成「三‧三倍槓桿」，但我希望**初學者千萬別貪心，以「一倍槓桿」做交易就好**。槓桿一詞出自於槓桿原理，在股票的世界，以少量資金博得高獲利就稱為「槓桿效果」。

容我再說一次，就算你能以 100 萬日圓的本金操作 330 萬日圓的投資，但仍請採取保守策略，操作 100 萬日圓本金即可。只要謹守「一倍槓桿」，就能避免因信用交易而出現超出本金的虧損，導致籌不出錢還款的慘況。

當因信用交易而出現龐大虧損，使得本金大幅減少時，證券公司會要求追繳保證金。

---

1 編註：目前台股的信用交易額度共分 15 級，從最低額度 50 萬到最高 6000 萬元。投資人可以視自己的財力狀況與交易記錄，決定申請哪一級。

股價暴跌通常比股價上漲走勢猛烈，其中一個原因就是追繳保證金。有些投資人使用信用交易進行部位操作，卻超出了本身可負擔的金額，由於追繳保證金而使得手頭現金不足，最後只好含淚將持股拋售，加劇了股價的下跌走勢。

　　如果總是以最高額度的槓桿進行交易，勢必會經常遭遇危機。希望各位不要太貪心，以穩健、從容的心態持續投資股票、扎實獲利。

　　習慣信用交易的操作方式後，就可以嘗試在極有把握時進行高槓桿交易。在此之前，初學者請從最小額度開始勤加練習。

線圖走勢明確，獲利更簡單

開設了信用交易帳戶，獲得操作放空的入場券後，就能立刻在暴跌走勢中獲利嗎？答案是 NO。

股價暴跌後勢必迎來反彈上揚，這是基本的股價變動模式。

當你正心想：「股價大幅下跌，很好！」而操作放空時，其實暴跌趨勢往往早已走向尾聲，股價正要開始急轉直上。如果在不好的賣出點下單賣出，只會導致大虧損。

舉例來說，在 2020 年疫情造成的暴跌期間，如果你在 3 月上旬誤判「股價不會繼續跌了」而早早買進，那麼在 3 月下旬之前都會遭遇持續虧損；如果在 3 月下旬以為「這波暴跌看來『跌跌不休』」而操作放空，那在之後的反彈上揚中還是會面臨大虧損。

投資股票最重要的是「趨勢」和「買賣點」，本書所介紹的相場式訊號即能幫助你破解這兩個關鍵。

所謂暴跌，就是最極致的下跌趨勢，此時多空方向當然是空方比

較強勢，線圖也會呈現顯而易見的下跌走勢。在這種單向趨勢急速持續的過程中，我們可以在短時間獲得龐大收益。

正因為價格從高處下墜才稱作暴跌，股價創新高的個股更有機會讓你獲得龐大收益。我們來看看圖9瑞可利控股公司的線圖。

在疫情造成暴跌前，瑞可利股價不斷上揚，呈現漂亮的上漲走勢，即使在中國全境封城的時期以依舊上漲，2020年2月18日出現4,615日圓的高點。

圖9 大暴跌案例：瑞可利控股

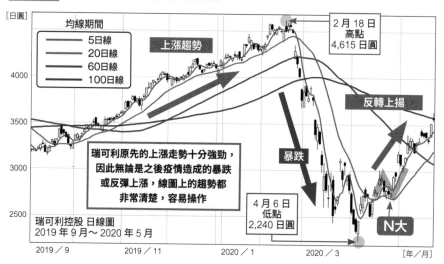

但之後如線圖所示，股價簡直是相當乾脆地「一言不合就暴跌」。4月6日就如同高空彈跳般，股價跌超過一半，來到2,240日圓。其後，反轉上揚的走勢也非常清楚。

正因為這檔個股在疫情爆發前創下上市以來的新高，所以股價走勢都非常俐落。

最後，作為暴跌結束的訊號，圖9右側亮起了相場式訊號「N大」，顯示趨勢即將轉換（將於第5章詳述），股價從這裡開始急轉直上。只要是確實磨練相場式投資技術的高階班學生，應該都能在這裡將多空方向從暴跌時的做空，切換到反彈上漲時的做多。如此一來，不論下跌或上漲，都可以獲得龐大收益。

受到疫情打擊的個股案例

看完了原先一路上漲的個股後，來看看另一種情況。有些個股股價在疫情前就持續低迷，疫情爆發後更受到加重打擊。

圖10是日本菸草產業（JT）的日線圖。在疫情爆發前的12月底，股價跌破60日線，1月時更跌破100日線，轉為下跌趨勢。

這檔個股從2019年12月19日的高點2,555日圓，下跌到3月23日的低點1,862日圓。由於老早就開始下跌，2月中旬以來的疫情影響並不像瑞可利控股那般劇烈。

對初學者而言，這種原先就下跌的股票，在操作放空時會比曾在上漲趨勢的瑞可利還安全。

如同**圖10**右上方的JT月線圖（2015年起）所示，這檔個股持續下跌。原本就疲弱的股票，在暴跌後不見反彈上揚走勢。假如在股價已走到底部，卻仍看準它還會下跌而放空，股價也不會像瑞可利控股般猛烈反彈上揚，因此不致於遭受到太大虧損。

沒錯，無論是暴跌、暴漲、緩慢上漲或下跌，重要的是**單一個股
的趨勢**。「趨勢」這個詞原本就是指「潮流」「流行」，在股票世界中，
更意指股價現在的方向。若不配合各檔個股的趨勢進行交易，即使是
能獲利的股票，也無法從中賺到錢。

圖 10 　在疫情造成暴跌前就長期下跌的 JT

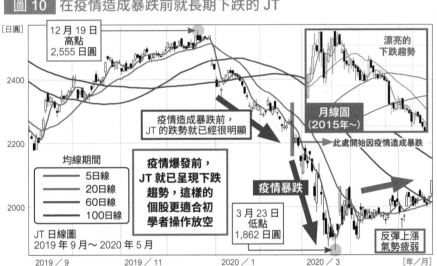

　　請想像一下，假如未來「有效對抗新冠病毒的疫苗上市，肺炎流感
化，只要吃藥就能根治，世界終於恢復和平」，那你會買瑞可利還是
JT 呢？大多數人當然會選擇原本上漲走勢就很強勁的瑞可利控股吧？

反過來說，雖然我不想烏鴉嘴，但要是情況不樂觀，全世界感染持續蔓延，病毒不斷變種的話，又該怎麼辦呢？這時，原本就持續下跌的 JT，想必更適合放空吧。

只有對股票超感興趣、以及投資績效不佳的人，才會不斷追問「能立刻獲利」的個股明牌。實際上，若想靠投資股票賺錢，**選線圖比選個股還重要**。你必須衡量自己的股票投資技術，選出股價變動符合自身技術的個股。

股價暴跌時也一樣。如果是投資技術已有中高級水準、能快速切換多空操作的人，不妨選擇趨勢鮮明的瑞可利；對自己的技術不太有信心的初學者，則可以透過股價在暴跌前就下跌的 JT 來練習放空。

在股價暴跌、走勢猛烈的非常時期，投資人更應該留意，配合自己的技術水準來選擇線圖。

太快停利，
就得跟獲利說掰掰

　　初學者常犯的毛病是，就算搭上非常容易獲利的暴跌股市，進場放空，卻往往稍有獲利就擔心賠錢，結果太快停利。

　　各位好不容易踏上股票投資這條美好的賺錢之路，我希望各位可以再貪心一點；而根據這樣的想法，我創造了相場式獨門訊號「**9 日法則**」。

　　股價是一種反覆「上漲、盤整、下跌」「下跌、盤整、上漲」的生物。細數其上下波動的節奏，會發現一個奇妙規律：**上漲和下跌經常持續九根 K 線**，這就是 9 日法則的重點。只要運用這個法則，就能矯正初學者的「太快停利病」。

　　假設以 30 萬放空股票，結果隔天出現歷史性大暴跌；而且股價跌勢往往比漲勢更猛烈，一天內就能創造 15 萬獲利。這時，一般人會怎麼想呢？

　　過去只能靠投資股票小賺幾千元的人，一旦眼前跳出 15 萬獲利，

想必會很緊張吧。

　　這種人很容易患得患失：「要是明天股價上漲，錯失 50 萬獲利的話怎麼辦？」結果徹夜難眠，隔天早上立刻停利買回股票。想對付這種心魔，「9 日法則」就是一帖特效藥。

股價暴跌時
也能善用「9 日法則」

　　請看下一頁**圖 11**，這三張圖都是日經平均股價指數的線圖，最左邊是 2020 年疫情造成的暴跌（以下稱為「疫情暴跌」），中間是 2018 年 1 月至 2 月發生的暴跌（以下稱為「2018 年 1 月暴跌」），最右邊是 2016 年 11 月至 12 月川普當選美國總統時的暴漲（以下稱為「川普暴漲」）。

　　「9 日法則」將開始上漲或下跌的起始 K 線訂為「第一根 K 線」。請注意，**「第一根 K 線」並非自己進場交易的 K 線**。

　　如果是下跌，連續出現黑線，就「2、3……」繼續數下去。即使途中出現紅線，只要收盤價未大幅超過前一根 K 線的開盤價，或是未站上 5 日線，就繼續數「2、3、4……」。

　　然後，持續下跌到第九根 K 線，就可以判斷「接下來下跌的走勢應該會變弱」，在此停利，這就是 9 日法則的基本規則。

圖 11 「9 日法則」幫你在暴跌暴漲中抓出停利點

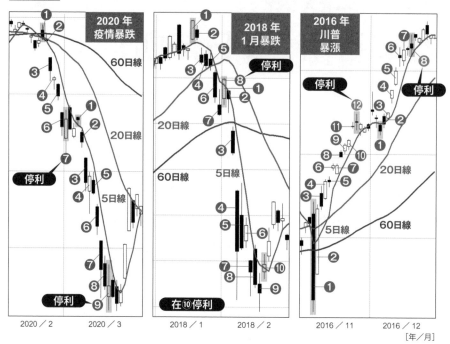

 圖 11 股神解析

在股價暴跌、暴漲過程中,一旦下跌或上漲期間拉得很長,投資人就容易對於膨脹的收益感到焦躁,導致太早停利。

此時,可以把「9 日法則」當作「延長獲利」的工具。這不僅適用於疫情造成的暴跌,綜觀歷史上的暴跌、暴漲,可以發現從起漲／起跌的高低點開始算起,股價會在第九根 K 線前後暫時結束強勁的變動。

只要善用這個法則,就不用擔心預測正確卻馬上讓大魚溜走。請記住「9 日法則」,將目標放在「擴展獲利」和「壓縮損失」。

當然，並不是每次趨勢都會持續九根 K 線。圖 **11** 的「疫情暴跌」就顯示第一波下跌在第七根 K 線出現紅線，結束下跌趨勢（雖然在第四根也出現了紅線，但收盤價未大幅超過前一根 K 線，因此繼續持有）。

第二波也符合 9 日法則，在下跌的第九根 K 線出現紅線，可以停利。

同樣看圖 **11**，在「2018 年 1 月暴跌」的第二波下跌中，❻出現了紅線，但收盤價還是沒有大幅超過前一根 K 線，所以繼續持有；接著在❿停利，就算是大功告成了。而「川普暴漲」的第一波上漲中，雖然在❸、❺、❽出現黑線，但仍應繼續持有。到了第九根 K 線當然可以停利，不過走勢持續到了⓬。第二波上漲則應在❽的黑線停利，最為理想。

掌握這個法則後，你是否覺得股票變得更輕鬆了呢？即使在暴跌中操作放空，也不必慌慌張張地停利。以第九根 K 線當作標準，就能從容延長獲利機會。無論股價變動再劇烈，任何走勢都很少持續超過九個交易日。當然，過去也曾出現過超過 9 日，一路來到「10、11、12……」的連續上漲或下跌，但請記住「掐頭去尾取中間」這句投資名言，老實在第九根 K 線停利吧！

沒有永遠的漲跌

　　股價不會永遠持續上漲或下跌。

　　當股價漲到一定程度，部分在上漲前就買進股票的投資人會認為「差不多可以停利了」，於是賣出股票。暴跌時也一樣，因為大量放空而賺錢的投資人，一定會在某個時機點停利、下單買回。

　　看完以上說明，一定會有人問：「所以股價變動絕對會持續九根K線嗎？」或是抱怨：「有時候只會持續四、五根K線不是嗎？」

　　說起來，不符合9日法則的股票，或是**股價走勢不明朗的股票，都不算是很好的投資標的**。看不出趨勢的個股，表示其線圖並不理想，就算投資也不容易獲利。

靠 9 日法則判斷趨勢

　　換句話說，我們可以藉由 9 日法則，區分「能獲利且趨勢明朗的股價」和「不容易獲利、趨勢不明的股價」。

　　下一頁**圖 12** 是疫情暴跌前的東京威力科創的股價，這是一間知名的半導體製造商。其股價呈現漂亮的上漲走勢，請**數數看**上漲走勢中的 K 線數量。

　　從圖上可以看到，紅線和「收盤價比前一天高」的黑線約持續七至十根，符合「9 日法則」，可說是容易獲利的趨勢。

圖 12 用 9 日法則檢驗東京威力科創的上漲趨勢

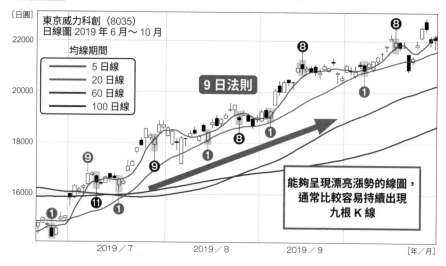

能夠呈現漂亮漲勢的線圖，
通常比較容易持續出現
九根 K 線

第 3 章

從線圖
掌握相場式
選股關鍵

相場式投資只鎖定這些個股

相場式投資技術鎖定的目標，是眾多投資人熱絡交易的個股，因此成交量高或成交金額大，且市值也高。

判斷標準是每天成交量在 300 萬股以上，平均成交金額為 20 天平均最低 30 億日圓以上，市值則在 5000 億日圓以上。如果想靠做空獲利，適用信用交易制度的「**貸借股票**」也是必要條件之一。

僅開放「融資」信用制度的個股稱為「貸借融資股票」，可融資和做空的個股則稱為「貸借股票」[1]。近年也有許多網路證券公司設定獨有的可信用交易個股（可多空雙做），讓投資人更容易從做空開始操作。

---

1 編註：「貸借股票」「貸借融資股票」為日股規定，台股較無特定稱呼。以台股來說，要成為放空標的，需符合以下三個條件之一：①上市、櫃滿 6 個月且每股淨值在票面（10 元）以上的普通股票。若無面額或每股面額非屬 10 元者，為上市滿 6 個月且財務報告顯示無累積虧損。②上市、櫃滿 6 個月且財務報告顯示無累積虧損的臺灣存託憑證。③上市、櫃滿 6 個月且非外幣買賣的受益憑證。

機構法人投入大量資金買賣的日經平均股價指數成分股（又稱為日經 225，由日本具代表性的 225 間公司組成），和 JPX 日經 400 成分股，幾乎都屬於可操作放空的個股。

　　為了在任何走勢都能確實獲利，必須選擇多數投資人買賣，而且每天股價變動都清楚易懂的個股。

　　下一頁圖 **13** 是 NTT DOCOMO 於 2019 年 10 月至 2020 年 5 月的股價線圖。

　　在疫情造成衝擊前，這檔個股呈現出漂亮的上漲趨勢。NTT DOCOMO 的市值大約落在 9 兆日圓。每天的成交量如同圖片下方所示，通常有 300 萬至 400 萬股，無疑是理想的投資標的。

　　這檔個股在 3 月 13 日以後就往上走，連續出現好幾根猛烈的紅線，幫助股價漲到 3,475 日圓。因為它上漲的走勢猛烈，也許很難在下跌時讓人獲利。

　　這張線圖也驗證了相場式投資的法則——**上漲走勢強勁的個股，在暴跌後的反彈上揚也會很猛烈**。從 3 月 13 日的低點 2,700 日圓，到 3 月 27 日的高點 3,475 日圓，10 天中只出現一根黑線，持續著反彈上揚的走勢。才 2 星期就漲了將近三成！

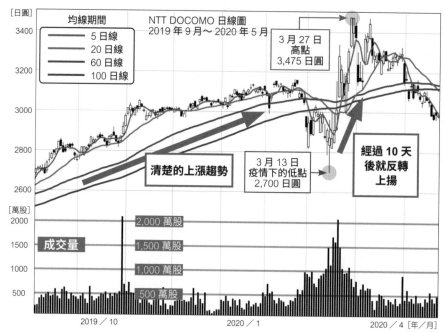

圖 13 疫情下屹立不搖的 NTT DOCOMO

均線期間
- 5 日線
- 20 日線
- 60 日線
- 100 日線

NTT DOCOMO 日線圖
2019 年 9 月～ 2020 年 5 月

3 月 27 日
高點
3,475 日圓

清楚的上漲趨勢

3 月 13 日
疫情下的低點
2,700 日圓

經過 10 天
後就反轉
上揚

成交量

2,000 萬股
1,500 萬股
1,000 萬股
500 萬股

2019／10　　2020／1　　2020／4 [年／月]

 圖 13 股神解析

NTT DOCOMO 的市值約 10 兆日圓，每天成交量最低也有 300 萬股左右，股價變動穩定，是容易操作的績優股。

大家都知道相場式投資術鎖定的目標是大型股，但挑選個股時最重要的標準還是「線圖的圖形」。

像 NTT DOCOMO 這種持續維持鮮明上漲趨勢的個股，會提高相場式訊號的精準度，也容易讓初學者獲利。請先仔細觀察 JPX400 或日經 225 成分股的線圖，尋找走勢鮮明的大型績優股，將它納入「自己的好球帶」，這就是以相場式投資術獲利的第一步。

如果你是不敢嘗試放空的初學者，那麼光靠買進這檔持續上漲的個股，就能在因疫情而暴跌後的反彈上揚中，賺進龐大獲利。

如果想靠投資股票賺錢，祕訣就在於**找出高勝率的股價線圖**。只要每天觀察日經 225 或 JPX400 成分股，即使是初學者也能找到理想個股。我在前一章提過，**比起挑選個股，更要挑選線圖**，那才是在股票投資中獲勝的必備條件。

請看**圖 14**，這是電商公司 MonotaRO 的股價線圖，這檔個股雖然不是日經 225 或 JPX400 成分股，但經營工地現場工具類的網路商店事業有成，使公司成長快速，市值已來到 1 兆日圓。

圖 14 在疫情爆發後急速上漲的 MonotaRO

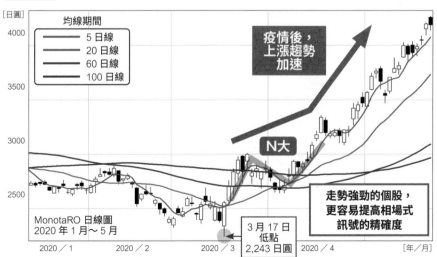

在疫情造成整體股市暴跌的 3 月 17 日，這檔個股股價寫下低點 2,243 日圓，但在之後亮起如圖所示的「N 大」訊號，股價扶搖直上。後來的走勢也銳不可當，在 2020 年 7 月 7 日創下了上市以來的最高點 4,725 日圓。

這樣的氣勢，與其稱之為暴跌後的反彈上揚，不如說是上漲走勢中的暴漲狀態。

股價變動越猛烈的線圖，就越容易出現相場式訊號。正因如此，這類個股不僅容易操作，更容易獲利。

相場式投資
絕不操作這些個股

市值高、每天擁有高成交量或成交金額的個股,是比較容易操作的標的;反之,具有以下特質的個股最好不要交易。

我投資絕不碰的個股,多屬於東證 MOTHERS(高成長新興股票市場)、JASDAQ(日本新興企業取向市場)、東證二部等新興市場。這些股票的市值低,每天的成交量也不高。

我們從股價的漲幅排行榜來看,東證 MOTHERS 的生技類股單日漲幅可達到 20%,而東證二部中,股價未滿 100 日圓的股票甚至有單日下滑 30% 的紀錄。雖然股價變動非常可觀,但卻無法從線圖中觀察到規律。

對於市值在數億以下的股票,只要一位富豪投入上千萬資金,就可以輕易讓那檔股票飆漲。

所謂「股價暴跌和暴漲很容易獲利」,是以上市於東證一部、且

股價變動模式有跡可循的大型股為前提。

　　小型股僅靠少數富豪的動向即可造成股價變動，影響線圖變化，
因此不具信賴性、持續性、重現性。

　　那些股票也許能成為賭注標的，但並不屬於「可反覆獲利」的相
場式投資交易對象。

市場紛亂期間的注意事項

在疫情尚未完全平息的時期，「零營收」成了見怪不怪的經濟現況，沒有人可以預測自己投資的企業會發表什麼樣的決算內容。

因此，就算是大型股，也最好在該公司發表決算前先暫停交易。雖然相場式投資術不看公司業績，但還是要**避免被異常決算內容所造成的股價短期震盪衝擊**。

下一頁**圖 15** 是郵儲銀行的股價。郵儲銀行從 2018 年 3 月以來一直持續著下跌趨勢，這樣的股價變動（線圖圖形）很適合做空。

但是，由於疫情帶來的暴跌，這檔個股在 3 月 13 日寫下低點 826 日圓，之後股價就反彈轉為上漲。

5 月 15 日（圖中 Ⓐ）來到近期的高點附近，顯示許多人預期股價會繼續往上走，甚至期待突破高點。然而，這一天發表了 2021 年 3 月份的營收預期，宣布營收比市場預期還低，因此，隔周的星期一，也就是 5 月 18 日，股價就下挫了（圖中 Ⓑ）。

圖15 後疫情時代，公司發表決算內容前夕務必提高警覺

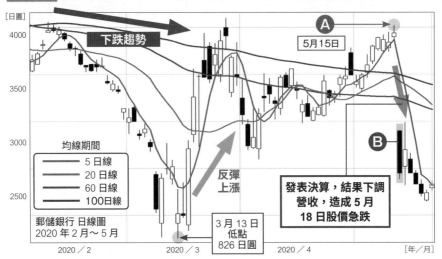

相場式訊號雖然多樣化，適用於所有的股價行情，但並不能預測企業發表決算後的結果。

在疫情期間，企業的營收無法預測，經常會發生股票的拋售或爆量買進，超出依賴基本面分析的專業投資人預期。尤其在發表決算前後，股價變動的情況相當混亂，容易預測失準。

即使是成交量大的大型股，也最好在決算發表前先暫時脫手，不持有任何部位，這是比較明智的選擇。

還有哪些個股不該碰呢？舉例來說，曾發生利空消息的大塚家具、東芝，以及前社長卸職後惹出風波的 ZOZO，都必須提高警覺。未來如果碰上爆發醜聞或營業狀況出問題的公司，也請將該公司的股票從你的投資標的中移除。這類個股的股價變動不規律，無法以線圖解釋股價變動。請避開這樣的股票。

　　讓我再次統整投資時，絕不會碰的 NG 個股：

①新興市場中市值低的個股
②受醜聞或經營問題影響的公司
③在公司發表決算內容前夕，避免交易

　　面對這三種情況，請秉持非禮勿視、非禮勿言、非禮勿聽的態度吧！

交易活絡的 ETF 也 OK

在股票市場上市的 ETF（指數股票型基金），如果資產規模在數千億日圓以上，而且每天的交易都很活絡，即是適合投資的標的。

提到 ETF，就不得不提日股最近的大客戶——日本銀行（以下簡稱「日銀」）。每當 ETF 價格下跌，日銀就會快速買進護盤。在日銀的護盤加持下，價格變動穩定。這種類型的股票，就很適合成為初學者實踐相場式投資術的第一檔標的。

圖 16 是野村資產管理公司發行的東證股價指數連動型 ETF 股價線圖，這也是日銀投資的其中一檔 ETF。

這檔 ETF 的資產規模超過 10 兆日圓，每天成交量通常有 200 萬至 400 萬股。而與日經平均股價指數連動的「日經 225 連動型 ETF」（同樣由野村資產管理發行）也有超過 6 兆日圓的資產規模，單日成交金額也相當可觀。如果想「直接」以日經平均股價指數的指數變動操作，不妨就投資這檔 ETF。

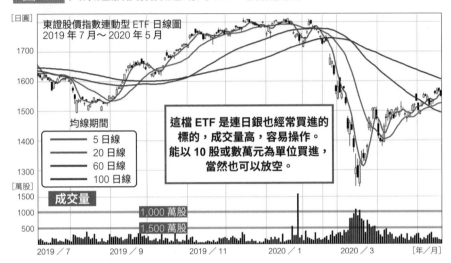

圖 16 與東證股價指數連動的 ETF 價格變動

[日圓]

東證股價指數連動型 ETF 日線圖
2019 年 7 月～ 2020 年 5 月

1700
1600
1500
1400
1300

均線期間
—— 5 日線
—— 20 日線
—— 60 日線
—— 100 日線

這檔 ETF 是連日銀也經常買進的
標的，成交量高，容易操作。
能以 10 股或數萬元為單位買進，
當然也可以放空。

[萬股]
1500
1000 ⎯ 1,000 萬股
500 ⎯ 1,500 萬股

成交量

2019／7　　2019／9　　2019／11　　2020／1　　2020／3　　[年／月]

　　買賣 ETF 時必須留意，無論該檔 ETF 是否與東證股價指數或日經平均股價指數連動，先決條件是務必避開冷門 ETF。原因在於買賣冷門 ETF 的投資人很少，因此資產規模、成交量都非常少，股價的變化很大，難以投資。

　　即使 ETF 內容一樣，但冷門 ETF 的線圖一看就知道，其跳躍式的價格變化驚人地不連貫。

　　以日股為例，交易相當熱絡的 ETF 名單中，有野村資產管理及大

和資產管理發行的 ETF，緊接在後的則是日興資產管理、三菱 UFJ 國際投信。貝萊德投信日本發行的 ETF，也算具有一定程度的資產規模。雖然貝萊德投信是超有名的投信公司，但在日本還是以三家老字號公司（野村、大和、日興）的 ETF 規模較大。

雖然上面提到了發行公司的名稱，但就算不特別查詢發行公司，從線圖的圖形和成交量，也能看出哪檔 ETF 的價格呈不連貫的跳躍式波動。

除了與東證股價指數和日經平均股價指數連動的 ETF 之外，還有日本交易所集團（JPX）所推出的 JPX 日經 400 指數 ETF。選擇 ETF 作為投資標的時，從這種交易活絡的對象中做選擇是最安全的。黃金、白金、原油等原物料投資雖然也有 ETF，但交易多半不夠活絡，所以我不太推薦。

第 2 章曾提到，初學者使用信用交易放空時，建議運用「一倍槓桿」，也就是不要操作高於本金的金額。

包含以日經平均股價指數為投資標的的 ETF 在內，ETF 中也有開放「三倍槓桿」的高風險標的。也就是說，當日經平均股價指數變動 100 點，此類 ETF 就會變動 300 點，在部分投資人之間很受歡迎。

有些股票操盤手會買賣這種開了槓桿的 ETF，更有專門投資這類 ETF 的人。這類 ETF 會為了實現訂好的槓桿倍數，而進行價格調整，有時價格變動猛烈且缺乏規律性，風險難以掌控。我建議各位，穩健地投資一般 ETF 就夠了。

第 4 章

相場式
最強投資武器
和股價
使用說明書

制伏股價怪獸的武器

即使新冠疫情造成股價暴跌，仍有許多學生開心地告訴我：「這是我人生中最賺錢的時刻！」「一天就賺了 400 萬日圓！」

我希望各位讀者也別畏懼股價的暴漲和暴跌，成為在股票市場這個戰場中冷靜攻防的戰士。

如果只是呆呆地手拿一把竹槍，那根本不可能獲勝。散戶投資人必須將各式各樣的股票工具當作「武器」，然後勇敢和股價這頭猛獸戰鬥，將其制服，收編為寵物。因此，必須學習預測每一刻的股價變動。

相場式投資術善用眾多武器，其中最基本的是「**K 線**」和「**均線**」，以及各式各樣的相場式訊號。本章將介紹我們經常使用的兩個技術：「近期最高點、最低點」及「整數關卡」。如果你能連同第 5 章介紹的相場式獨門訊號一起學會，就能有效提升買賣的精準度。

那麼，為了讓初次嘗試投資的讀者能迅速理解，我先介紹最基本的線圖常識── K 線。

要靠投資股票賺錢，就必須成功在低點買進，在高點賣出；或是運用放空，在高點賣出，然後在股價變便宜時買回。

K 線代表的就是股價變動本身，只要盡可能正確預測「下一根 K 線會比現在的 K 線高還是低」，就能在股票投資上獲利。

對於操作「做多」的人來說，買進股票後連續出現「紅線」，就表示股價上漲，即能產生收益。有些線圖會將「紅線」用白色、綠色或紅色來顯示，本書使用日本最普遍的白色。[1]

對於操作「做空」的人來說，下單放空後，連續出現「黑線」，就表示股價下跌，有獲利空間。本書以黑色的 K 線表示。

---

1 編註：台股線圖上的「紅線」多為紅色；「黑線」為黑色。

K 線濃縮了 4 種資訊

　　圖 17 顯示 K 線的結構。K 線的厲害之處在於，能夠將「該期間的起始價格、結束價格以及最高價、最低價」這四個資訊（開盤價、最高價、最低價、收盤價）濃縮在一根 K 線中。相較之下，另一種常見的股票圖表——折線圖，只能顯示「股價和前一天相比是高還是低」。

　　收盤價高於開盤價，就是「紅線」；收盤價低於開盤價則是「黑線」。

　　日 K 線是以一根 K 線表示一天的股價變動；周 K 線是以一根 K 線表示一周的股價變動；月 K 線則是以一根 K 線表示一個月的股價變動。

　　K 線的優點，是能透過形狀和顏色，呈現各個期間的股價變動。

　　紅線的方形柱體（也就是中間實體部分）看起來很長時，稱為「長紅線」。長紅線代表開盤後股價持續上揚，而且在當天最高價附近收盤。連續出現長紅線時，代表上漲走勢很強；反過來說，「長黑線」則代表下跌走勢很強。

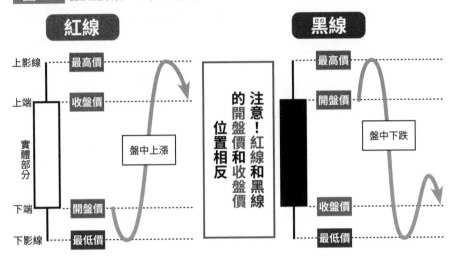

圖17 徹底拆解K線的結構！

紅線

上影線 ── 最高價
上端 ── 收盤價
實體部分
下端 ── 開盤價
下影線 ── 最低價

盤中上漲

注意！紅線和黑線的開盤價和收盤價位置相反

黑線

最高價
開盤價

盤中下跌

收盤價
最低價

　　如果K線的上影線（方形柱體上方的線）很長，代表股價一時上漲，但之後失速下跌，即為強烈賣壓對抗高價的證據。

　　反之，如果下影線很長，代表股價曾大幅下滑，之後反彈上揚。於是我們可以知道股票多方在最低價附近將股價拉抬上去。

　　就像這樣，**每一根K線都在向你娓娓道出各自的故事。**

K線是各自獨立的個體，當紅線和黑線交互出現時，由於它們的開盤價與收盤價的位置相反，因此難以一眼判斷其股價和前一天相比是漲是跌。

　　圖18整理了各種K線組合，並針對這些組合的股價變動進行解說。圖中的紅線連接了每天的收盤價，稱為「收盤價線」。

　　剛開始可能很難一眼分辨這些組合，但只要勤加練習就能越來越熟練。看了數百、數千次之後，只要K線排列映入眼簾，就能立刻看出股價和前一天相比是漲是跌了。

　　我只要看到K線，別說是當天的股價變化了，連股價走勢的猛烈程度以及「今後的走勢氣息」都能一目了然。我通常都能靠今天的K線料中明天的K線。

　　這部分我無法以文字說明，但在看見K線的那瞬間，我的身體……不，我的大腦就會自動開始反應。據說，厲害的操盤手一看見線圖，就能瞬間意會「現在該買進」或是「再等一下」。這樣的判斷並不涉及公司的業績表現，也無關圖上出現的訊號。因為當你一味地苦苦硬套理論時，就會被瞬息萬變的股價拋在後頭。請各位務必學習「感受的技術」。

圖 18 精準掌握 K 線的奧義與股價變動！

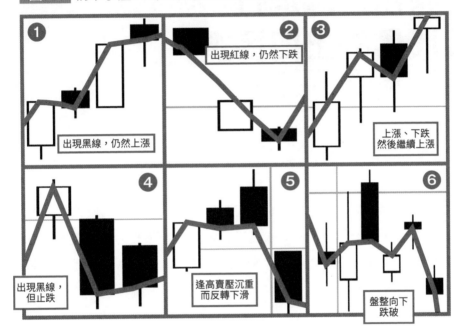

❶ 出現黑線，仍然上漲

❷ 出現紅線，仍然下跌

❸ 上漲、下跌然後繼續上漲

❹ 出現黑線，但止跌

❺ 逢高賣壓沉重而反轉下滑

❻ 盤整向下跌破

 圖 18 股神解析

在 K 線圖中，由於紅線與黑線的收盤價位置相反，當它們交互出現時，可能難以判斷股價呈上漲還是下跌走勢。此時不妨考慮暫停交易，觀望一下狀況。❶在股價上漲時出現黑線，但收盤價比前一天高，未必代表上漲走勢變弱。❷在股價下跌時出現的紅線也是同樣道理。❸在出現黑線後，股價仍持續攀升，因此這只是上漲走勢稍作休息而已。❹最後出現黑線的情況，有兩種可能發展：不是止跌就是逢高賣壓沉重。從❺的第一和第二根 K 線可以知道逢高賣壓沉重，第三根黑線即反轉下滑，股價疲弱。❻的 K 線變動不規律，難以預測走勢，結果盤整向下跌破。最後的黑線完全跌破最近的收盤價，股價露出疲態。

善用均線進行
股價的出口民調

相場式投資術的第二個必備工具，是均線。

均線全名為「移動平均線」，指的是將某個期間的股票收盤價平均值依序連成一條線，例如 5 日線就是將前四個交易日的股價和當天的股價，共五天分股價平均值連起來的線；以周線為例的話，60 周線則是取過去 60 周，也就是一年多的股價變動平均值。

相場式投資術常用的基本款均線如下：觀察短期變動，看 5 日線（本書用紅色標示）、中期看 20 日線（本書用綠色標示）、長期看 60 日線（本書用藍色標示）。近年來，我認為可以運用更長期間均線，來觀察長期走勢、進行買賣，因此也推薦各位再加上超長期的 100 日線（本書使用紫色）。有些證券公司提供的網路看盤工具初始設定為 5 日、25 日、75 日線，但同時也會提供客製化設定，請各位自行改成 5 日、20 日、60 日線。

股票投資的本質，就是預測股價會往上還是下。不過，股價非常陰晴不定，諸如「以為會上漲結果下跌」「以為會下跌結果上漲」這種「背叛」戲碼，根本是家常便飯，甚至會發生「看似上漲後會下跌，結果繼續上漲」「看似下跌後繼續下跌，結果果然下跌」這種複雜變動。如果股票是「紅旗白旗舉起來遊戲」[2]，鐵定會考倒每個人吧！

一般而言，我們很難精準猜測這頭陰晴不變的生物，會往哪個方向走。

前面提過，投資股票就像選舉，要進行「出口民調」來預測比較有優勢的候選股。當5日線往上揚，而且股價站在5日線上時，可以判斷「從過去五天的平均值來看，多方較有優勢」。均線就是進行出口民調的工具，用來調查多方和空方何者較具優勢。

股價會不斷上下變化。「投票的走向」時時刻刻都不一樣，但只要掌握過去一段期間的投票結果平均值，就不用太擔心，因為這樣就可以掌握目前「多方黨」和「空方黨」的角力關係。

在均線形成的出口民調中，務必要注意三點事項：**均線的傾斜方**

---

2 編註：左手拿紅旗、右手拿白旗，聽指令動作，錯誤者淘汰的遊戲。常見口令如「紅旗舉起來、白旗舉起來、紅旗不要放下來、白旗不要放下來」。

向、均線與股價的相對位置、各期間的均線排列順序。

其中**最重要的是均線傾斜方向**。尤其長期的 60 日線和超長期的 100 日線，其傾斜方向是大趨勢的珍貴指引（**圖 19**）。

除了傾斜方向，也要注意均線的排列順序。當股價與均線由上而下依序是股價＞ 5 日線＞ 20 日線＞ 60 日線時，就是最完美的上漲趨勢。相場式投資術將這個狀態稱為「**PPP**」（讀為「砰！砰！砰！」），用這個詞來造句的話，便是「線圖上形成 PPP 後，會持續目前的趨勢」，我會在第 5 章詳細說明這個訊號。這個指標聽起來很有氣勢，又喜氣洋洋，很棒吧？

反過來說，當股價持續強勁的下跌趨勢時，線圖上的排列順序由上而下為 60 日線＞ 20 日線＞ 5 日線＞股價，均線的傾斜方向為向下，稱為「**反 PPP**」。

請注意排列順序的變化。當 5 日線跌破 20 日線時，證明短期下跌走勢變強。之後，5 日線跌至 60 日線附近，可能表示要轉換為下跌趨勢；但也可能會受到 60 日線的支撐，再度轉為上漲。

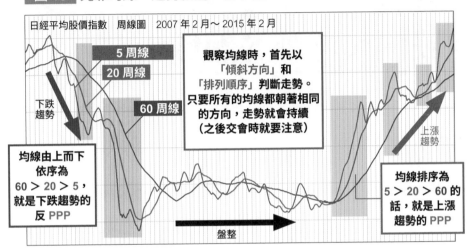

圖 19　光靠均線，趨勢就能一目了然

日經平均股價指數　周線圖　2007 年 2 月～2015 年 2 月

5 周線

20 周線

60 周線

下跌
趨勢

觀察均線時，首先以
「傾斜方向」和
「排列順序」判斷走勢。
只要所有的均線都朝著相同
的方向，走勢就會持續
（之後交會時就要注意）

均線由上而下
依序為
60 ＞ 20 ＞ 5，
就是下跌趨勢的
反 PPP

上漲
趨勢

均線排序為
5 ＞ 20 ＞ 60 的
話，就是上漲
趨勢的 PPP

盤整

　　均線是一條取平均值的線，因此不會像股價一樣上下跳動，也不會快速地變化方向。

　　藉由觀察均線，能大致預知股價的走向，容易針對股價現況進行判斷，並觀測今後的發展。

實戰時，要看好
股價和均線的關係

實際操盤時，最需要注意的是股價和均線的相對位置。股價和 5
日線的排列順序經常在變化，當位於 5 日線之下的 K 線突破並站上 5
日線時，代表短期的上漲走勢變強。反之，當位於 5 日線之上的 K 線
跌破 5 日線時，就表示即將開始強勢下跌。

均線就像是阻擋股價變動的「高牆」或「軟墊」。如果股價碰觸
均線，卻始終未突破，就表示目前的趨勢仍會持續；一旦突破均線，
可能意味走勢變強勁，或是往反方向變動，有各式各樣的變化。總之，
均線和股價的相對位置改變時，就是重要的買賣點。

圖 20 就是很好的範例。**❶** 是均線阻擋股價變動的高牆案例；**❷**
則是均線支撐股價的軟墊案例。

此外，均線並不只會發揮如護欄般的作用，也會發生如 **❸** 的狀況：
股價突破均線。

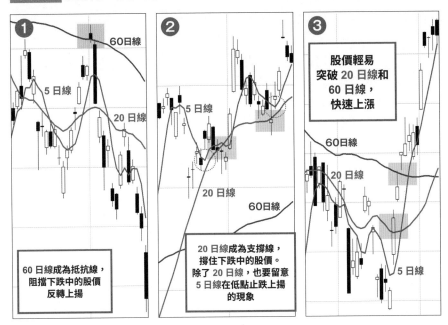

圖 20 股價和均線的相對位置，是買賣判斷依據的！

❶
60日線
5日線
20日線

60 日線成為抵抗線，
阻擋下跌中的股價
反轉上揚

❷
5日線
20 日線
60 日線

20 日線成為支撐線，
撐住下跌中的股價。
除了 20 日線，也要留意
5 日線在低點止跌上揚
的現象

❸
股價輕易
突破 20 日線和
60 日線，
快速上漲

60日線
20 日線
5 日線

※ 以上均為日經平均股價指數日線圖。最左邊是 2018 年 11 月至 12 月（20,000 點至 22,500 點左右）；
中間是 2017 年 5 月至 6 月（19,000 點至 20,000 點左右），右邊是 2014 年 4 月至 6 月（14,000 點至
15,000 點左右）。

 圖 20 股神解析

❶ 是股價在下跌趨勢中反轉上揚，但被 60 日線阻擋的案例。60 日線底下的
長黑線是回漲放空的機會。當藍色的 60 日線往下，與綠色的 20 日線之間
有一段距離時，股價較難往上。

❷ 是在上漲趨勢中，20 日線發揮輔助功用。股價碰觸 20 日線而反轉上揚就
是買進的機會。當藍色的 60 日線和綠色的 20 日線都是往上走，而且兩者
間有一段距離時，股價較難往下。

❸ 是股價快速衝破 20 日線和 60 日線，此兩線並未發揮抵抗線的功用。當 60
日線和 20 日線都往下走，而且兩者間有一段距離，股價往往是較難往上走
的，但實際上股價卻往上走了，此時建議投資人要相信趨勢，果斷「買進」。

當股價突破均線時，就是線圖上的「重大事件」。相場式投資術會從這些事件預測股價走向，實際判斷是否買賣。

　　為了能在股價和均線位置發生變化時，瞬間做出正確反應，請每天磨練自己的觀察力。

成交量是投資人的
心理狀態指標

　　越多人參加買賣，就越能消除股價的異常波動異常。當股價比投資人認為的適當價格更低，就會有大批投資人判斷「現在很便宜」而買進，使股價反轉上揚。

　　正因為這類股價反映了多數投資人的想法，K線所顯示的股價變動和均線顯示的趨勢才有說服力、穩定性和規律。

　　「成交量」顯示股票在單日交易期間有多少股票被買賣，我們會以「這檔個股每天平均交易200萬股」這種方式來描述。

　　以金錢為單位來計算成交量，說明個股單日交易多少金額，這個數值稱為「成交金額」。成交量乘以股價，就能算出當天的成交金額。

　　為了降低我們判斷交易時的難度，也為了防止無法買賣股票的風險，選擇投資標的時必須留意：一定要有相當程度的成交量和成交金額。股價便宜的個股，成交金額通常偏低，而像迅銷（Uniqlo的母公司）

或任天堂這種股價較高的個股，成交量看似就會比較低，在觀察的時候要注意兩種數值的平衡。

成交量高，反映出眾多投資人興奮投入交易的心理狀態。反過來說，成交量低的股票則顯示許多投資人熱情冷卻，失去對該檔個股的關注。

換句話說，**成交量可說是顯示投資人心理狀態的指標。**

圖 21 是疫情造成暴跌前後的日經平均股價指數線圖，並且記錄了日經 225 檔個股的合計成交量。疫情開始造成股價暴跌後，日經平均股價指數整體的成交量暫時下降了，但在股價止跌前的 3 月 13 日上漲至 34 億股。3 月 19 日創下疫情衝擊後的新低點 16,358 點，此時成交量膨脹為 20 億至 30 億股。

圖中❶期間是股價剛暴跌時，許多投資人開始一口氣拋售，使成交量大增。之後股價不僅未止跌，更因為沒多少多方出現，成交量減少，股價仍繼續暴跌，這就是❷的情況。

接著，越來越多投資人認為「跌到這個價格算很划算了」，交易股數也增加了，這就是❸的情況。此時日經平均股價指數仍是下跌，但到了❹的期間，出現許多多方，成交量因此大量增加。這證明了原先觀望的多方開始認為「股價跌得這麼深，這時候買就賺到了」。

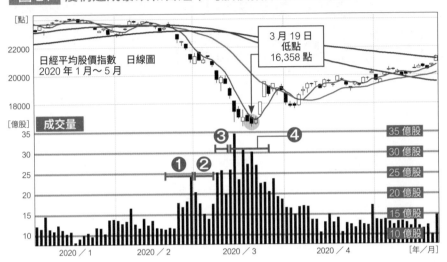

圖 21 疫情造成暴跌和日經平均股價指數成交量變動

❹ 的前後期間稱為「恐慌性拋售」。此時有很多人賣出股票,也有不少想買回放空股票的投資人。恐慌性拋售就是股價反轉上揚的機會。

成交量也可以說是「目前市場釋放的熱能」。熱能越高,股價變動越明顯。在暴跌後的反轉上漲,或是在暴漲後的反轉下跌之所以是絕佳獲利機會,原因就在於股票的高熱能。

在顯示成交量的長條圖中,真實存在著投入現金買賣的投資人。若想觀察這些投資人的動向,絕對不能不看成交量和成交金額。

別忽視「近期的
最高點和最低點」

　　剛才提到股價陰晴不定，但股價其實也有很執著的一面。股價會記住過去曾發生慘痛經驗的價格水準，因此當股價來到該區間時就會出現特殊變化。或許有人會感到疑惑：「過去曾有慘痛經驗的股價？那是什麼？」以下就讓我再稍加說明。

　　說到投資人的失敗經驗談，一定會有「買進後才發現那是近期的最高點，之後就下跌了，大虧一筆」，或是「放空後才發現已經是最低點了，後來股價就上漲，真是慘痛的失敗」。這是很容易發生在初學者身上的事，簡直是「買在天花板、空在地板」。

　　無論什麼樣的股價線圖，股價都是呈鋸齒狀上下變動，一邊造出山頂和谷底，一邊往前推移。當股價撞到山頂就是最高點，正因為有人買在最高點，才會形成這個最高點。

　　對打算買股的人而言，最高點是過去買股卻賠錢造成心理陰影的

價格。因此，當股價上漲至那個最高點，就會因為多方的恐懼心理和新的空方加入，使得股價下跌。

這就是為什麼「壓力線」很容易發揮作用的原因。**壓力線是之前的最高點，會壓制股價上漲。**

反過來說，當股價來到之前的最低點，曾在那個價格放空的人會記得「這是我曾經因為股價上漲而賠錢的價格」。因此，這個價格容易成為「支撐線」。**支撐線就是之前的最低點，會抵擋股價下跌。**

下一頁**圖 22** 是大成建設的股價線圖，大成建設是負責建設東京奧運主場館的公司。大成建設在 3 月 23 日出現 2,755 日圓的低點，接著反彈上漲，在 **Ⓐ**（3 月 27 日，最高價 3,395 日圓）、**Ⓑ**（4 月 10 日，最高價 3,415 日圓）、**Ⓒ**（4 月 30 日，最高價 3,420 日圓）形成 3,400 日圓壓力線，股價始終無法突破。

這檔個股終於在 5 月 8 日（**Ⓓ**）突破壓力線，出現 3,500 日圓的最高價，衝破 3,400 日圓的高牆。後來，出現了上下影線都很長的**黑線①**，股價一度下跌，但之前的 3,400 日圓壓力線成為支撐線，使股價反轉上揚。

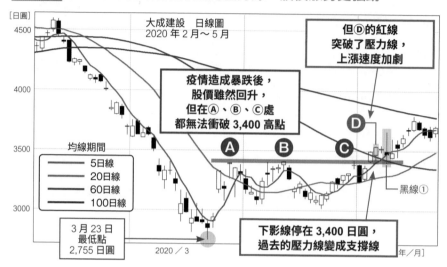

圖22 超過近期最高點所形成的壓力線，股價漲勢更強勁

[日圓]

大成建設　日線圖
2020 年 2 月～ 5 月

但Ⓓ的紅線
突破了壓力線，
上漲速度加劇

疫情造成暴跌後，
股價雖然回升，
但在Ⓐ、Ⓑ、Ⓒ處
都無法衝破 3,400 高點

Ⓓ

均線期間

| 5日線 |
| 20日線 |
| 60日線 |
| 100日線 |

黑線①

3 月 23 日
最低點
2,755 日圓

2020／3

下影線停在 3,400 日圓，
過去的壓力線變成支撐線

[年／月]

　　股票的多方和空方會直接影響股價的變動，而近期的最高點和最
低點經常是多方和空方的**心理攻防線**。

　　當股價突破之前的最高點所形成的壓力線，並且快速向上爬升，
多方也會一鼓作氣湧入。再加上在最高點附近放空的空方必須買回股
票，股價會變得很容易上漲。

　　這就是為什麼**當股價衝破之前的最高點，股價的上漲走勢就會很
強勁**。這也可以說是投資人心理造成股價變動的經典模式。

反過來說，**當股價跌破之前的最低點，股價下跌的速度會加劇。**這也是股價依之前的最高點和最低點變化的經驗法則。

但是，即使是持續上漲趨勢的股票，也很少有一直上漲的狀況。大部分都是經過數次挑戰仍無法突破近期的最高點，盤整一段時間之後，股價終於超過了最高點，然後開始大幅上漲。也就是「上漲→盤整→再上漲」。

下一頁**圖 23** 是經營企業併購事務的 Nihon M&A Center 日 K 線圖。這家公司不畏懼疫情帶來的暴跌，在 2020 年 5 月創下上市以來的最高價，從 2009 年起的 11 年間，股價爬升超過 60 倍，持續猛烈攻勢。

如此強勢的股票也有無法突破最高點而盤整的時候。如圖顯示，股價近期的最高點來到 3,200 日圓，而股價整整 3 個月都無法突破此高點，持續盤整。

當 Nihon M&A Center 的股價出現**紅線 Ⓐ**，完全突破 3,200 日圓高牆之後，便一鼓作氣上漲至 3,600 日圓。同樣是上漲趨勢，有些股票會「上漲→觸碰到爬升的 20 日線或 60 日線後下跌→再次觸碰到均線然後上漲」，也就是短暫下跌的類型；有些則是「飆漲→相當長期的盤整→突破後飆漲」的調整突破型。

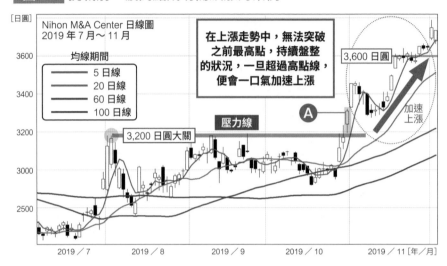

圖 23 挑戰前一波高點成功而飆漲的案例

[日圓]

Nihon M&A Center 日線圖
2019 年 7 月～ 11 月

均線期間
—— 5 日線
—— 20 日線
—— 60 日線
—— 100 日線

在上漲走勢中，無法突破之前最高點，持續盤整的狀況，一旦超過高點線，便會一口氣加速上漲

3,600 日圓

壓力線

3,200 日圓大關

Ⓐ

加速上漲

3600
3400
3200
3000
2500

2019／7　　2019／8　　2019／9　　2019／10　　2019／11 [年／月]

　　短暫下跌型和調整突破型都是個股的特質。觀察過去的股價變動，可以大致了解這檔股票屬於哪種類型，一旦決定買賣標的，就別忘了回頭看過去的股價線圖，了解個股的股價變動特性。

要對整數關卡有反應

　　股價好幾次挑戰近期的最高點，卻完全衝不破這個最高點，結果就大幅下跌，這也是很常見的模式。

　　下一頁圖 24 是化學品製造商大賽璐的日 K 線圖。圖中出現好幾次挑戰最高點的情形，卻始終無法突破，結果股價就往下走了。

　　這種數度挑戰卻無法突破、陷入膠著的現象並不少見。反覆挑戰卻失敗的結果，會形成短期的箱型股價區，均線也會錯綜複雜地交纏在一起。

　　如圖 24 的中央（1,300 日圓附近）所示，從 5 日線到 100 日線的均線全都交纏在一起，當出現跌破這些均線的黑線，股價轉為急跌，此處就是我所推薦的放空時機。

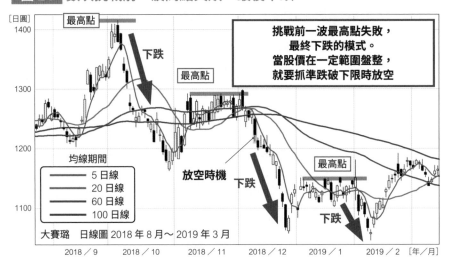

圖 24 數次挑戰前一波高點失敗，最後下跌

挑戰前一波最高點失敗，
最終下跌的模式。
當股價在一定範圍盤整，
就要抓準跌破下限時放空

均線期間
— 5 日線
— 20 日線
— 60 日線
— 100 日線

大賽璐 日線圖 2018 年 8 月～2019 年 3 月

第 98 頁**圖 23** 的 Nihon M&A Center 長久無法跨越的最高點也正好是 3,200 日圓。觀察**圖 24** 的大賽璐，可以發現其股價無法超越的價格是 1,400 日圓、1,300 日圓、1,150 日圓，都是俐落的整數。如同近期的最高點和最低點，**整數關卡**也很容易對投資人心理造成陰影，大幅影響投資人的決策。

四位數股價的個股首先會碰上 1,000 日圓和 2,000 日圓大關。此外，1,500 日圓、2,500 日圓這種帶有 500 的尾數，以及 1,200 日圓、1,300 日圓這種以 100 日圓為單位的股價，也是值得關注的焦點。這種整數關卡經常是**投資人心理狀態轉變的分水嶺**。

若是股價在 100 日圓左右的個股，那 100 日圓、200 日圓就是大的關卡；以 10 日圓為單位的股價變化則是小的分水嶺。請在檢視股價線圖時，養成習慣去尋找近期的整數關卡。

雖然股價也有「完全無視分水嶺，一路衝」的案例，但出現機率極低。當過去好幾次衝不破或跌不下去的價格為整數時，大部分的投資人都會更加關注該股價分水嶺。

大盤就特別常出現整數關卡成為重要分水嶺的現象。例如日經平均股價指數曾在 21,000 點或 22,000 點這類整數關卡拉回修正，一旦衝破整數關卡，就會帶動上漲氣勢，這種模式層出不窮。

圖 25 是日經平均股價指數從 2019 年 7 月至 2020 年 1 月的指數變動。指數在 Ⓐ 跌破了近期的低點 21,000 點，因此加速下跌。然後在 Ⓑ 的時候數度挑戰衝破 22,000 點，卻以失敗收場。但是一旦突破 22,000 點之後，指數就一股作氣上漲了。

在疫情帶來衝擊之前，指數在 Ⓒ 處數度徘徊於 24,000 點。這條線也可視為之後下跌的前兆。

順帶一提，整數關卡對於期貨商品更容易發揮作用。

期貨本來就帶有預測現股未來股價的濃厚色彩，投資人自然而然

會將焦點放在整數關卡。

日本投資人通常都會看日經平均股價指數。越多人關注，以 1000
點或 100 點為單位變動的整數關卡就越容易演變成一目了然的攻防線。

圖 25 大盤很容易停在整數關卡

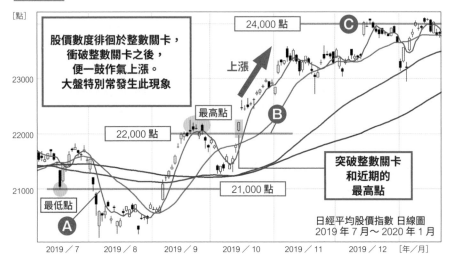

[點]

股價數度徘徊於整數關卡，
衝破整數關卡之後，
便一鼓作氣上漲。
大盤特別常發生此現象

24,000 點 C

上漲

最高點 B

22,000 點

23000

突破整數關卡
和近期的
最高點

22000

21,000 點

21000

最低點

日經平均股價指數 日線圖
2019 年 7 月～ 2020 年 1 月

A

2019／7　　2019／8　　2019／9　　2019／10　　2019／11　　2019／12　[年／月]

以千張線圖為目標

　　在股票投資中持續獲勝的方法不在挑選個股，而是挑選線圖，這個觀念我已經說過好多次了。選出趨勢明確、容易買賣的個股，就是獲得勝利的第一步。為了尋找優秀的線圖，我希望各位練習「**看千張線圖**」。請使用看盤工具，加入日經 225 成分股或 JPX 日經 400 成分股等大型股股價指數，如同翻書般逐一看過那些個股的線圖。

　　當你找到持續漂亮上漲或下跌的走勢，或是一度上漲後進入盤整、看起來會再度上漲的線圖，就絕對要將該檔個股列入你的做多清單。如果發現上漲後進入盤整，接著可能要轉入下跌走勢的線圖，就請列入做空清單。這些都是重要的待觀察個股。

用「K 線巡禮」
練習預測走勢

　　我一定會要求學生做的練習還有一項：不光只是看著線圖，還要使用看盤軟體叫出過去的股價，然後遮住一部分的畫面，預測接下來會出現什麼樣的 K 線，再以滑鼠滑動股價線圖，逐一檢視 K 線，驗證自己的預測是否命中。我將這個練習，稱為「K 線巡禮」。

　　圖 26 顯示了三張線圖。請預測接下來會出現什麼樣的 K 線，股價又會如何變化。

圖 26 以「K線巡禮」練習預測接下來的走向

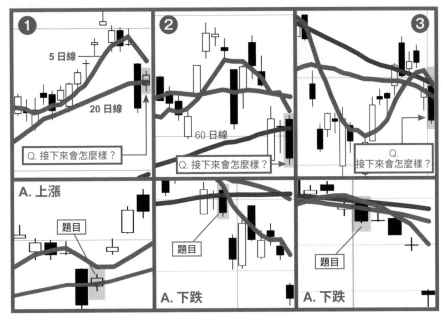

股神解析

圖 26 股神解析

❶的股價一度跌破 20 日線，但是出現了紅線站上 20 日線。可以判斷接下來
會上漲。

❷的股價再度跌破往上走的 60 日線，因此氣勢疲弱，可以預測下跌的可能性
很高。

❸的 5 日線、20 日線、60 日線全都往下走，形成壓著股價的情形，因此氣勢
疲弱，可以判斷會下跌。

透過逐一仔細觀察 K 線，就能漸漸明白接下來的走勢「容易預測」或「不容
易預測」，只要練習就能學會。

第 5 章

嚴選
相場式
5 大最佳
買賣訊號

出現相場式訊號
就不用害怕暴跌

    K線、均線、近期的最高點和最低點、整數關卡,以及第 2 章介紹的 9 日法則,這些都是預測今後股價走向的重要「指標」。請確實注意這些指標,並且逐一確認過。

    「K 線部分連續出現多根紅線,而且位在均線之上。均線全都往上走。股價剛突破最近的整數最高點。」這種狀態的股票,正是做多的絕佳時機。

    「K 線部分連續出現多根黑線,均線開始互相靠攏。先前持續盤整的股價下探近期的最低點,也跌破整數關卡。」這種股票就要放空,等開始下跌之後運用「9 日法則」數到第九根 K 線,就是獲利了結的時候。

    無論股價暴漲或暴跌,還是一般的上漲、下跌、盤整趨勢,要做的事情都一樣。因為相場式股票投資技術適用於所有的行情,具備重

現性，只要正確使用，多數投資人都能獲利。

當你開始自然而然懂得確認目前介紹的股價標誌，漸漸就能正確使用本章介紹的**下半身、分歧、鳥嘴、N 大、PPP** 等相場式獨創五大訊號。

在介紹五大訊號之前，請記住一個重點：股票買賣訊號**並非百發百中，有時股價不會按照該訊號的預言變化。**

為了靈活運用這些訊號，不可缺少對於股票市場狀況的正確判斷。職人使用工具時，會在適當的場合，將工具用在對的地方。如果用在其他地方，大多會以失敗告終。

本書也會**檢驗相場式訊號的失敗案例**，這是我個人的首度嘗試。我將本書當作實戰的使用說明書，詳細解說「使用方法上的錯誤」「避免失敗的方法」以及「失敗時的處理方法」。

什麼是「下半身」和「反下半身」？

　　股價變動有兩種模式：來勢洶洶和缺乏氣勢的時候。在缺乏氣勢的時候，即使投資也不會獲利。投資人要在股價來勢洶洶的上下起伏時下單，不然很難獲得收益。相場式訊號涵蓋了上述股價本質，其中最推薦的訊號是**下半身**和**反下半身**（圖27）。

　　下半身訊號指的是股價原先呈短期下跌狀態，且位於5日線下方；其後一旦突然出現站上5日線的紅線，即預告加速上漲。

　　這個訊號會在剛要開始上漲的階段亮起，因此是做多的好時機。只要上漲氣勢延續下去，就能大賺一筆。

　　有時出現下半身訊號後，卻又再次出現黑線，使股價跌回5日線下方。即使遭遇這樣的失敗，由於K線仍未遠離5日線，投資人仍能迅速調整判斷。

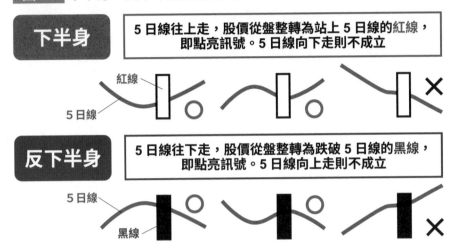

圖 27 下半身、反下半身訊號的成立條件

下半身 | 5 日線往上走，股價從盤整轉為站上 5 日線的紅線，即點亮訊號。5 日線向下走則不成立

紅線
5 日線

反下半身 | 5 日線往下走，股價從盤整轉為跌破 5 日線的黑線，即點亮訊號。5 日線向上走則不成立

5 日線
黑線

　　雖然需要快速判斷，但**還有調整空間，代表損失尚未擴大**，是這個訊號的一大優點。

　　反下半身則是指原先上漲的股價從 5 日線上跌至 5 日線下，而且出現黑線，是預告加速下跌的短期訊號。

　　重點在於**出現下半身訊號時，5 日線必須往上走；出現反下半身訊號時，5 日線必須往下走**，切勿混淆。

　　此外，如果下半身和反下半身訊號是基於 20 日線而成立，也可以當作輔助性的買賣訊號。後面介紹的「分歧」也會提到基於 20 日線的

反下半身訊號，不過初學者還是先熟悉 5 日線的下半身、反下半身訊
號為佳。

提高下半身「買進」
精準度的方法

　　股票的交易訊號就是找出「在這裡買進」「在這裡賣出」的買賣點定律。下半身訊號的定律非常簡單，「只要紅線突破向上走的5日線就買進」，我建議**多與其他標誌組合使用，而非單獨使用。**

　　第2章介紹的「9日法則」、第4章介紹的「近期的最高點和最低點」「整數關卡」就是可組合的指標。請將下半身與這些指標組合，提高訊號的精準度。

　　經過上百次、上千次的線圖閱讀練習，就能自然而然注意到股價關卡。若缺乏觀察股價指標的經驗，光憑下半身訊號就草率買賣，有極高機率會失敗，請務必注意。

　　反過來說，在股價關卡亮起的下半身、反下半身訊號，精準度非常高！

　　下一頁**圖28**是積水化學的日K線圖，股價從**①的黑線**開始暴跌，

可以說是倒頭栽了。

圖 28　「下半身＋整數關卡」的組合技

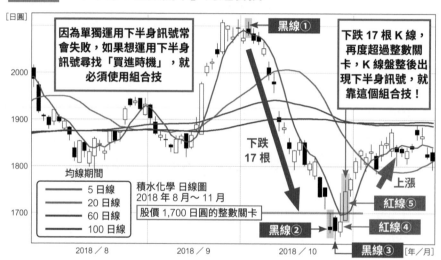

[日圓]

因為單獨運用下半身訊號常會失敗，如果想運用下半身訊號尋找「買進時機」，就必須使用組合技

黑線①

下跌 17 根 K 線，再度超過整數關卡，K 線盤整後出現下半身訊號，就靠這個組合技！

下跌
17 根

均線期間
━━ 5 日線
━━ 20 日線
━━ 60 日線
━━ 100 日線

積水化學 日線圖
2018 年 8 月～ 11 月
股價 1,700 日圓的整數關卡

上漲

紅線⑤
紅線④

黑線②

黑線③

2018／8　　2018／9　　2018／10　[年／月]

在這種急跌之後一定會有反彈上漲，想要抓住反彈上漲的時機做多，就適合利用效果極佳的下半身訊號。

積水化學的股價很有可能繼續下跌，所以必須確認股價止跌的狀況。從圖上可以知道，急跌的起點是**黑線①**，持續下跌至跌破 1,700 日圓大關的**黑線②**時，已經是第 17 根下跌的 K 線了。

以「9 日法則」來說幾乎是兩輪。這樣的線圖很少見，下跌到第17、18 根，急跌的狀況也該暫時休止了。

以這個角度觀察股價，可以發現**黑線②、黑線③、紅線④**這三根K 線幾乎呈現盤整的狀態。這裡就是止跌的開始。

接著出現了**長紅線⑤**，亮起下半身訊號，如此漂亮的型態，簡直精彩奪目。這根長紅線不僅超過近期三根 K 線柱體部分的高點，更突破了 1,700 日圓的整數！

這是「超過近期的高點、超過整數關卡、下半身」的組合訊號，你應該要信心滿滿地買進。

這個案例完美示範了股價急跌後，投資人該如何跟上反彈上漲氣勢，獲得將近 100 日圓收益。

請務必使用組合技。容我再重複說一次，這是在實戰中運用下半身訊號時一定要記住的規則。

切勿一出現下半身訊號就胡亂買進，請養成習慣，尋找其他暗示買進的線索。

均線的排列與糾結

　　同樣都是股價上漲的狀態，在走勢剛開始的階段，氣勢會特別強勁，請各位積極把握這個時機。而**下半身訊號會告訴我們走勢開始的時機**。

　　股價變動基本上是「下跌、盤整、上漲」，如果要做多，就是在「盤整之後上漲」的走勢下單。

　　此時要注意的是均線的排列。當股價結束下跌，進入盤整的期間，5日線、20日線、60日線大多也是走平且交纏的型態。

　　如果在這個時候亮起強烈的下半身訊號，而且5日線、20日線、60日線如孔雀開屏般上升，那就是最佳時機。在均線開始呈現5日線＞20日線＞60日線的PPP狀態，而且同時出現下半身訊號，這個組合技就是充滿上漲力量的強烈訊號！

　　圖29的電子遊戲公司史克威爾艾尼克斯線圖中，亮起下半身訊號的**長紅線①**正是完美案例。由於這根長紅線的出現，均線正要形成PPP排列。

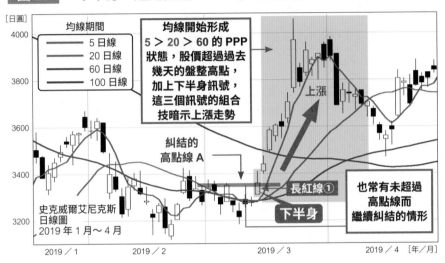

図 29　「下半身＋近期高點＋ PPP」的組合技

均線期間
[日圓]
4000

5 日線
20 日線
60 日線
100 日線

均線開始形成
5 ＞ 20 ＞ 60 的 PPP
狀態，股價超過過去
幾天的盤整高點，
加上下半身訊號，
這三個訊號的組合
技暗示上漲走勢

3800

上漲

3600

糾結的
高點線 A

長紅線①

也常有未超過
高點線而
繼續糾結的情形

3400

下半身

史克威爾艾尼克斯
日線圖
2019 年 1 月～ 4 月

3200

2019 / 1　　　　　2019 / 2　　　　　2019 / 3　　　　　2019 / 4　[年/月]

　　而且這根**長紅線①**的上影線還超過了近期糾結的**高點線 A**，可說是下半身的完成、PPP 的開始以及突破近期高點，這三個訊號的組合技。

　　實際上，這檔個股的確轉往上漲趨勢，之後股價甚至突破了超長期的 100 日線。這是理想的下半身訊號成功案例，預告了趨勢的轉換時機。

　　下半身訊號，原本指的是跌破 5 日線的股價在下跌後，再次站上 5 日線的變化。投資人必須了解，原本低於 5 天的股價平均值，如果再

次站上 5 日線，就代表過去的空方優勢轉換為多方優勢。

單獨運用下半身訊號之所以容易失敗，就是因為它只能說明 5 天內的短期多空勢力轉換。

要知道勢力是否真的**轉換**，就必須確認其他的指標，了解股價上漲的氣勢有多強勁。

此時經常當作判斷標準的其中一項指標是，**下半身訊號暗示的買進點是否超越過去幾天的高點。**

圖 29 的史克威爾艾尼克斯，就是同時出現下半身訊號和超過近期高點（糾結的**高點線 A**）的變化，成為股價上漲的動力。

在下半身訊號中，有很多超過近期股價水準的案例會帶動長期上漲。

請看**圖 30**，這是千葉銀行的日 K 線圖。從線圖左邊的 60 日線、100 日線來看，呈現的是下跌趨勢。雖然曾短暫出現股價反彈上漲的局面，但仍是下跌趨勢。若只因為此時亮起下半身訊號，就輕易買進，是很危險的行為。

不過，只要運用如線圖右邊「股價上漲超過過去幾天的高點」的組合技，即可看準出現下半身訊號的**紅線①**和**紅線②**時買進。

圖 30 下半身訊號要與「超過前幾天高點」一起看

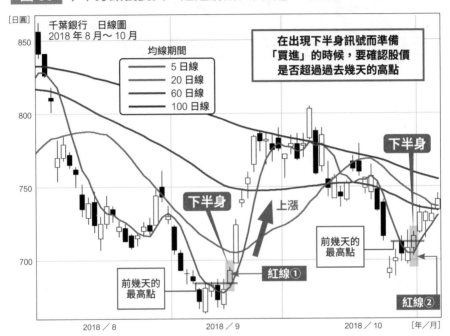

 圖 30　股神解析

以下是比上漲趨勢時，更應該注意的事情。

當 20 日線、60 日線向下走，呈「下跌趨勢」時，光憑下半身訊號買進會很危險。必須先確認股價是否確實超過近期糾結的高點線。

即使股價在下跌走勢中，只要「超過近期的高點＋下半身訊號」出現，就可以判斷反轉上漲氣勢強勁而買進。

出現下半身訊號時，不只觀察股價與 5 日線的關係，也要確認股價是否由下而上突破過去幾天的高點。

下半身、反下半身的
重點是 5 日線的方向

　　下半身是上漲訊號，反下半身是下跌訊號，判讀關鍵則在於 5 日線的方向。

　　當 5 日線明顯往下走，即使突然出現站上 5 日線的紅線，也不算是下半身訊號。至少要在走平的狀態，最好是在 5 日線稍微往上走時，出現突破 5 日線的紅線，才算是完成下半身訊號。**5 日線走平或往上走**是下半身訊號成立的絕對條件。

　　圖31 顯示日本製鐵（當時的公司名稱是新日鐵住金）的股價變動。右邊的**紅線①**雖然突破了 5 日線，但是 5 日線完全呈現往下的方向，所以不是下半身訊號；而且股價也不符合「超過近期的高點」，無法組成組合技。這只是 5 日線跌破 60 日線和 100 日線之後的短暫反彈上漲罷了。

　　再提供一個注意事項：當股價過熱，走勢持續上漲時，下半身訊號特別容易被誤判。

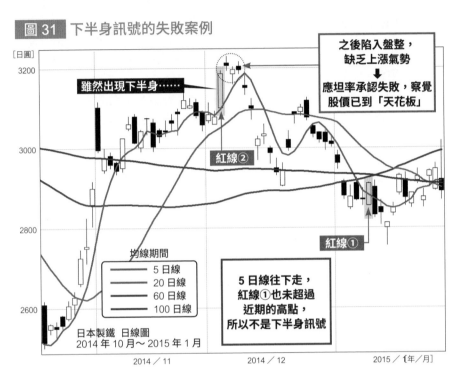

圖 31 下半身訊號的失敗案例

[日圓]

之後陷入盤整，
缺乏上漲氣勢
↓
應坦率承認失敗，察覺
股價已到「天花板」

雖然出現下半身……

紅線②

紅線①

均線期間
—— 5 日線
—— 20 日線
—— 60 日線
—— 100 日線

5 日線往下走，
紅線①也未超過
近期的高點，
所以不是下半身訊號

日本製鐵 日線圖
2014 年 10 月～ 2015 年 1 月

2014 ／ 11　　　　2014 ／ 12　　　　2015 ／ [年／月]

 圖 31 股神解析

初學者很容易搞混，「紅線突破向下走的 5 日線，並非下半身訊號」。因此，右邊的**紅線①**不是下半身訊號。

中間的**紅線②**「站上向上走的 5 日線，而且突破近期的高點」，所以是漂亮的下半身訊號。但是，如果下半身訊號出現在股價天花板，股價可能無法再往上走。

當下單買進之後，要是發現連續出現黑線，股價停止上揚，感覺股價已到天花板時，請盡快退場。能果斷退場也是一種技術。

例如**圖 31** 中央出現了突破 5 日線的**紅線②**，但是之後交替出現黑線、紅線、黑線，無法再創新的高點，可以知道股價不如預期上漲。

　　事後回顧會發現，這檔個股已持續長期漲勢，因此有些過熱。能在此時察覺股價已到天花板而迅速退場，也是一種投資技術。

從反下半身的
成功案例判讀趨勢

　　運用反下半身訊號時，也請注意，只有在「均線的排列越來越緊密」「高點節節下跌」「黑線跌破整數關卡」這些反下半身以外的組合技同時出現時，才能進行放空。

　　下一頁**圖32**是日本火腿的日K線圖，這檔個股從上漲趨勢進入盤整，然後股價迅速向下墜。如同疫情下暴跌的日經平均股價指數，當股價始終無法創新高點，而且均線開始互相靠近時，就是走勢「上漲之後盤整，然後暴跌」的變化預兆。

　　圖中可以看到，5日線逐漸往下靠近20日線，同時均線變得緊密。再看看**黑線①**，這根黑線跌破了60日線和100日線。股價不僅無法超過近期的高點，均線的排列也開始變化，當湊齊這些組合技的條件，就是放空的絕佳時機。

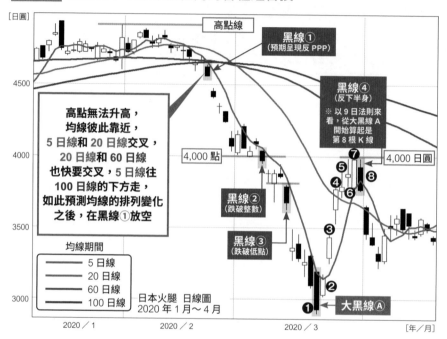

図32 包含反下半身訊號在內的各種組合技

[日圓]

高點線

黑線①
（預期呈現反 PPP）

黑線④
（反下半身）
※以9日法則來
看，從大黑線 A
開始算起是
第8根 K 線

4,000 日圓

4500

高點無法升高，
均線彼此靠近，
5 日線和 20 日線交叉，
20 日線和 60 日線
也快要交叉，5 日線往
100 日線的下方走，
如此預測均線的排列變化
之後，在黑線①放空

4,000 點

黑線②
（跌破整數）

4000

黑線③
（跌破低點）

均線期間

5 日線
20 日線
60 日線
100 日線

日本火腿　日線圖
2020 年 1 月～4 月

3500

3000

大黑線Ⓐ

2020／1　　　　　　　2020／2　　　　　　　2020／3　　　　　[年／月]

圖 32 股神解析

觀察**黑線①**的反下半身訊號，以及均線的排列與緊密程度，可以預想接下來會
呈現 60 日線＞ 20 日線＞ 5 日線的「反 PPP」。此處進行放空就對了。之後，
在跌破盤整 K 線（4000 日圓整數關卡）的**黑線②**，以及收盤價跌破近期低點
的**黑線③**，也都是放空的機會。

黑線④無法突破 4,000 日圓的整數關卡，並對 5 日線形成反下半身訊號，因此
也是適合放空進攻的時機。以「9 日法則」來看，這根**黑線④**是從大黑線 A 數
來的第八根 K 線。簡直是「下跌」組合技發揮功效的時機。

如果能在**黑線①**的時候注意到均線接下來的排列變化，那你就算是高階班的一員了。

前面也提過，有別於股價，**均線是由平均值所組成，一旦形成某一方向，通常就會持續該方向的走勢。**

如果假設現行的均線方向會持續下去，就有一定把握可以預測均線的排列在近期會怎麼變化。

黑線①出現的時候，受到紅色的 5 日線影響，綠色的 20 日線也隨之轉為往下走。而藍色的 60 日線和紫色的 100 日線幾乎重疊在一起。如果下跌的狀態持續，接下來會怎麼變化呢？

觀察均線的傾斜幅度和方向，你是否看出一些端倪了呢？綠色的 20 日線和藍色的 60 日線陸續跌破紫色的 100 日線，也許代表 5 日線＜ 20 日線＜ 60 日線＜ 100 日線這個漂亮的下跌走勢——也就是反 PPP 訊號就要完成了！

只要你能**注意到均線悄悄告訴我們的預言**，就能信心十足地在**黑線①**放空。

之後高點節節下跌，在反 PPP 狀態下，**黑線②**跌破了最近的整數關卡 4000 日圓，此處也是放空時機。**黑線②**的隔天開始連續 3 個交易日都是盤整 K 線，但接下來的**黑線③**一度輕輕跳至 5 日線，收盤卻跌破近期的最低點，此處也可以進行放空。

　　再看看最右邊的**黑線④**，從急跌反轉上漲的起點**大黑線Ⓐ**開始算，剛好是第八根 K 線。以 9 日法則來說，是在「持續七根 K 線的上漲，可能差不多該下跌了」的時候發生的反下半身訊號。而且股價在 4,000日圓的整數關卡被擋下來了。這就是可以放心進行放空的時機。

股價漲跌有固定型態

　　從日本火腿的案例也可以知道，股價從上漲轉至盤整，再轉為下跌趨勢的過程中，有其一定的「型態」。均線的排列變化、止跌之後又再度跌破低點下墜、從谷底反轉上漲之後又再度下跌……無論什麼樣的下跌都有共同的型態。雖然並非所有的暴跌和暴漲都完全相同，但如果事先做好功課、仔細檢視過去的案例，就有辦法應付所有的股價走勢。

　　只要事先掌握「型態」，就能成為股市中的強者，在變化的股價面前守株待兔。如果股價如你的預期而變化，剛好正中下懷。如果和預期不同，也可以冷靜的思考股價接下來的變化。

反下半身訊號
以失敗告終的案例

　　反下半身訊號的失敗案例中，大多是股價走向和反下半身訊號預告的結果相反。但其實從均線的傾斜方向和排列、高點／低點的節節下跌／上漲、9 日法則的時間長度來看，在股價的上漲走勢中出現的反下半身訊號，原本就不成立。

　　具體案例有很多，重點都整理在**圖 33** 之中。

　　總共有三個重點：「**5 日線往上走**」「**均線的排列方式為 PPP，呈上漲趨勢**」「**未跌破近期的低點**」。

　　下半身、反下半身是用來決定具體的買賣點的重要訊號。因為形狀很簡單，我常聽到初學者煩惱「雖然試著在下半身訊號出現時買進，但後續走勢卻不如預期」。

圖 33　反下半身訊號容易失靈的三種類型

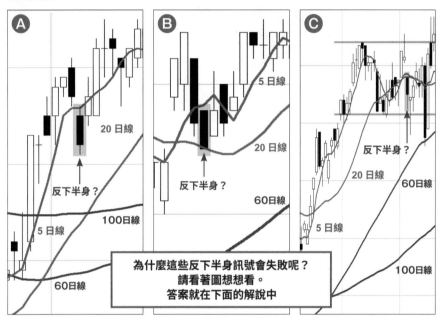

A
20 日線
反下半身？
5 日線
100日線
60 日線

B
5 日線
20 日線
反下半身？
60 日線

C
反下半身？
20 日線
60日線
5 日線
100日線

為什麼這些反下半身訊號會失敗呢？
請看著圖想想看。
答案就在下面的解說中

圖 33　股神解析

A 的 5 日線往上走，均線的排列也是 5 日線＞ 20 日線＞ 60 日線的 PPP。這種上漲中的反下半身訊號容易失敗，請尋找剛上漲過、5 日線進入盤整後的反下半身訊號。

B 的 5 日線也是往上走，再加上漂亮的 PPP 排列，股價停在 20 日線上，因此並不算是反下半身訊號。等下次出現跌破 20 日線的黑線再試著放空吧。

C 是股價上漲後疑似形成箱形股價區的狀況（綠線為其上限和下限）。5 日線走平，看不出方向。進行放空之後，要是在下次 K 線碰到箱形股價區下限時反彈，就選擇出掉吧。

此時請捫心自問，自己是不是沒有跟隨股價型態買賣？是不是光憑下半身、反下半身訊號就直接決定交易？是不是沒有觀察其他訊號？這個訊號可以說是相場式王牌等級的傳家寶刀，希望各位可以正確、仔細地使用，這麼一來一定會成功！

什麼是「分歧」？

　　投資股票的基本守則是**跟隨趨勢**。上漲趨勢時做多，下跌趨勢時做空，這就是跟隨趨勢的概念。

　　那麼，在上漲趨勢中隨時都可以做多嗎？下跌趨勢中隨時都可以做空嗎？

　　如果趨勢永遠不變，那當然可以。但是，投資人做多時都想盡可能在低點買進；做空時盡可能在高點賣出，這樣才能獲得更多收益。

　　無論持續多麼強勁的走勢，都會有投資人在這段期間獲利了結，因此股價一定會上下變動。

　　上漲的股票，會因為做多的投資人獲利了結，而使股價暫時下跌。下跌的股票也是如此，總有一天會因為放空的投資人把股票買回，而形成短暫的反轉上揚。

　　處於上漲趨勢的股票，在因投資人獲利了結而暫時下跌的時候，能以稍微便宜的價格買進。這種跟隨趨勢的手法，稱為暫跌買進，是

最普遍的做多方法。

以下基礎知識說明給超級初學者聽：在投資用語中，將上漲中的股價暫時下跌的情形稱為「暫跌」。這就是「暫跌買進」的命名由來，而英文則是叫作「dip」（有浸泡、沉沒之意）。

接下來講下跌趨勢的情形。如果在空方買回造成短暫的反轉上揚時進行放空，就能以較高的股價賣出空單。這個方法稱為「回漲放空」，目的是盡可能以高價賣出。

冗長的前言說到這裡結束，為了自然而然學會「暫跌買進」和「回漲放空」這兩個跟隨趨勢的基本買賣法，我發明了獨門訊號──「分歧」。

分歧訊號主要觀察的是 5 日線和 20 日線。股價連日上漲後，5 日線和 20 日線將一同往上走。相對位置為 5 日線在上，20 日線在下。只要它們幾乎呈平行移動，就會持續上漲趨勢。

請看圖 34。在紅色的 5 日線和綠色的 20 日線呈平行關係往上走時，如果股價短暫下跌，5 日線也會受到影響而下跌，趨近 20 日線。之後股價再次回到上漲趨勢，5 日線也連帶上揚，遠離 20 日線，而且不會與 20 日線交會。這個型態就稱為「分歧」。

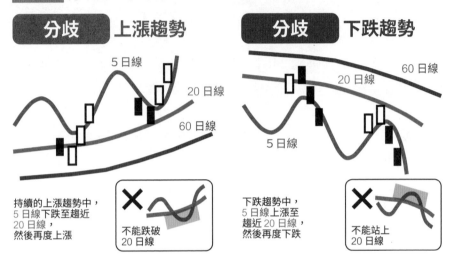

圖34 分歧是上漲時暫跌、下跌時回漲的訊號

分歧 上漲趨勢

5 日線
20 日線
60 日線

持續的上漲趨勢中，
5 日線下跌至趨近
20 日線，
然後再度上漲

✕
不能跌破
20 日線

分歧 下跌趨勢

60 日線
20 日線
5 日線

下跌趨勢中，
5 日線上漲至
趨近 20 日線，
然後再度下跌

✕
不能站上
20 日線

雖然這個名字聽起來有點負面，不過實際上代表的是短暫失速的走勢復活，會讓人士氣大增。

股價轉為上漲之後，5 日線才會上揚，因此在分歧出現的前後，必定會發生股價以紅線的姿態站上 5 日線的下半身訊號。

在實戰中，要事先預測「5 日線在 20 日線之上走平，然後 K 線站上 5 日線，亮起下半身訊號了，在這之後會出現分歧」，然後才下單。

關於下跌趨勢的分歧訊號，請看圖 34 的右邊。均線往下走，呈現

20 日線 > 5 日線的排列，由於股價一時反轉上揚而彼此靠近，接著再度回到下跌趨勢。5 日線遂而下挫，連帶遠離 20 日線。

此外，當 5 日線突破 20 日線，靠近藍色的 60 日線，接著回到原先的走勢而遠離 60 日線，則是另一種版本的分歧。

總之，當 5 日線靠近較長期的均線，接著又像說聲再見般，回到原先的趨勢方向，就是分歧訊號。

分歧的成功率取決於均線排列

我們來看看具體的分歧訊號典型案例。成功的關鍵在於均線的排列。首先介紹從放空開始操作的分歧訊號。

下一頁**圖 35** 是比價購物網站 Kakaku.com 的日 K 線圖。圖的左邊顯示「股價、5 日線、20 日線」依序跌破「走平的 60 日線、100 日線」，股價從盤整轉為下跌的趨勢。均線形成反 PPP，股價開始下跌。

接著，**A** 區出現了分歧訊號。首先，下跌的股價反轉上漲，一度站上下滑的 20 日線（**黑線①**）。5 日線連帶的快速靠近 20 日線。然後，**黑線②** 對 20 日線形成反下半身訊號（前文曾提到，對 20 日線形成下半身或反下半身訊號時，可用來當作買賣的基準）。而**黑線③** 雖然仍是盤整狀態，但 5 日線已經開始巧妙地遠離 20 日線了。

這根**黑線③**暗示著下跌趨勢，是分歧訊號剛開始形成的地方。這種時候，希望投資人在亮起反下半身訊號的**黑線②**就預測接下來的分歧訊號，並且進行放空。

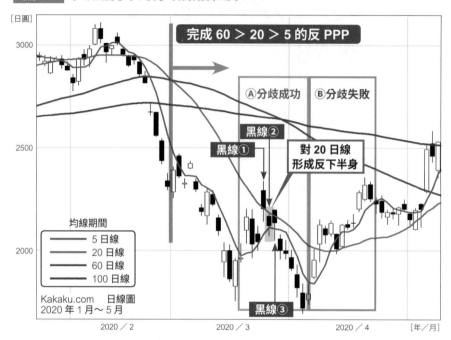

圖 35 下跌趨勢中的分歧訊號和反 PPP

[日圓]

完成 60 > 20 > 5 的反 PPP

Ⓐ分歧成功   Ⓑ分歧失敗

黑線②

黑線①

對 20 日線
形成反下半身

均線期間

───── 5 日線
───── 20 日線
───── 60 日線
───── 100 日線

Kakaku.com　日線圖
2020 年 1 月～ 5 月

黑線③

2020／2　　　　2020／3　　　　2020／4　　[年／月]

圖 35　股神解析

適合放空的「分歧」訊號成功關鍵,在於均線呈 60 日線 > 20 日線 > 5 日線
的反 PPP。只要反 PPP 狀態持續,可能會發生很多次分歧,但早期的分歧比
較容易成功。

尤其下跌趨勢往往比上漲趨勢更猛烈,也有不形成分歧而持續下跌的案例。

最好的情形是雖然**黑線①**突破 20 日線,但在**黑線②**出現反下半身訊號,判斷
「漲勢疲弱,可能會發生分歧」,因此進行放空。

分歧訊號容易成功的關鍵，是長期趨勢相當穩固的時候。下跌趨勢中，若均線的排列呈現漂亮的 60 日線 > 20 日線 > 5 日線，而且 5 日線靠近 20 日線之後又遠離，這就是最容易按照預測發展的狀況。

　　一旦穩固的長期趨勢不再，5 日線也有可能受到股價影響而突破 20 日線，使走勢改變，這種時候就不用考慮分歧訊號了。

　　請再看一次**圖 35**。連日出現紅線之後，5 日線朝著 20 日線往上走。這裡並未形成分歧訊號，而是俐落地突破了 20 日線。5 日線突破之後稍微走平，雖然看似要出現分歧訊號，卻分歧失敗。

　　從這些股價變動來看，可以知道比起趨勢停滯，剛開始的新鮮趨勢比較容易成功形成分歧訊號。

　　下一頁**圖 36** 是網路公司 DeNA 的股價線圖，示範上漲趨勢的分歧訊號。在圖的最左邊，股價如同跳躍般大幅上漲，均線的排列呈現 5 日線 > 20 日線 > 60 日線，完成漂亮的上漲趨勢。

　　接著，5 日線在 **Ⓐ區**一度逼近 20 日線，發生典型的分歧。分歧是與均線相關的訊號。實際的買賣仍以 K 線為基準，並非在確認「分歧完成」之後買進，而是在那之前的下半身訊號出現時買進才是正確作法。這檔個股的話，應該在連續兩個交易日亮起下半身訊號的**紅線①**或**紅線②**買進。

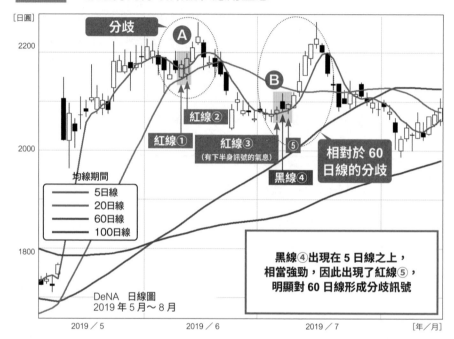

圖36 上漲趨勢的分歧訊號和應用型態

[日圓]

分歧 Ⓐ

2200

紅線②

紅線①

紅線③
（有下半身訊號的氣息）

Ⓑ

⑤

相對於 60
日線的分歧

2000

均線期間

5日線
20日線
60日線
100日線

黑線④

1800

黑線④出現在 5 日線之上，
相當強勁，因此出現了紅線⑤，
明顯對 60 日線形成分歧訊號

DeNA　日線圖
2019 年 5 月～ 8 月

2019／5　　　　　　2019／6　　　　　　2019／7　　　　[年／月]

 圖 36 股神解析

買進操作的「分歧」出現前，幾乎一定會亮起下半身訊號（**紅線①和②**），K
線由下而上突破 5 日線。這股氣勢帶動 5 日線往上走，投資人察覺即將發生
分歧，因此下單買進。實際出現分歧訊號後，要追加買進，盡可能從上漲趨勢
中的暫跌賺取更多收益。

Ⓑ區為應用型──相對於藍色 60 日線的分歧訊號。5 日線來到 20 日線和 60
日線之間，紅線與黑線交互出現，難以判斷多空情勢。但在**Ⓑ區**，出現完全
站上 5 日線的**黑線④**，顯示之後的漲勢有多猛勁。

這裡我要介紹不同的應用方法——「5 日線相對於 60 日線的分歧」。請看 **B** 區，5 日線跌破了 20 日線，接近下面藍色的 60 日線，然後就像對著 60 日線說再見一樣，股價從盤整轉為上漲。**紅線③**突破 5 日線，有一點下半身訊號的味道，隔天就出現**黑線④**。這根**黑線④**位於 5 日線之上，可以認為「雖然是黑線，但很強勁」，因此可以在這時買進。

如果採取較保守的作法，就等到隔天的**紅線⑤**出現吧。除了 K 線之外，5 日線也確實遠離了 60 日線，確定「形成相對於 60 日線的分歧訊號」之後再買進，是比較務實的作法。

K 線的基本意義為「紅線＝強；黑線＝弱」，但如果你看到**黑線④**能察覺到「異常強勁」，那就很了不起了。

不僅股價比前一天收盤價高出很多，而且停在 5 日線之上，這種黑線很強勁。如果你也能接收到如此細微的股價變動意義，那你應該很容易掌握陰晴不定的股價走向。

黑線之中也有強勁的黑線，紅線之中也有疲弱的紅線，這是獻給進階班的重要忠告，請銘記在心。

分歧容易因為遇到
天花板或地板而失敗

分歧訊號通常發生在走勢暫歇的時候，而走勢並非永無止境。

當股價上漲至出現過熱，多數的多方就會開始考慮賣出。此時，越來越多認為「股價過高，多方勢力也減弱，差不多該放空了」的空方也會加入戰局，形成多空抗衡的局面。股價陷入盤整之後，如果空方勝出，股價就會急速下跌，轉而進入下跌走勢。

在走勢進入最終階段時，也有可能不符合分歧訊號的運作而失敗，本以為是走勢暫歇，結果是轉換走勢。此時承受的傷害通常很大，請多加注意。

圖 37 是博報堂 DY 控股公司的股價變動。**Ⓐ區**和**Ⓑ區**的分歧訊號都成功了，但**Ⓒ區**的分歧訊號卻失敗了。

在看似形成分歧訊號的**紅線①**買進之後，迎來的是黑線，然後紅線，股價在這兩個交易日的震盪之後轉為下跌。

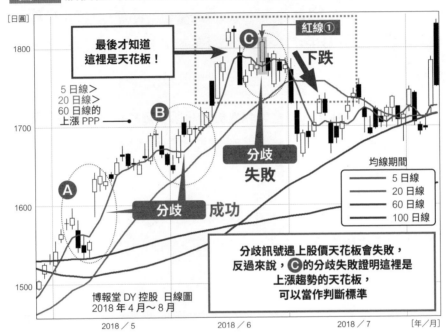

圖 37 股價在天花板的上漲分歧訊號失靈案例

[日圓]

> 最後才知道
> 這裡是天花板！

紅線①

下跌

5 日線＞
20 日線＞
60 日線的
上漲 PPP

分歧
失敗

分歧　成功

均線期間

────	5 日線
────	20 日線
────	60 日線
────	100 日線

分歧訊號遇上股價天花板會失敗，
反過來說，**C** 的分歧失敗證明這裡是
上漲趨勢的天花板，
可以當作判斷標準

博報堂 DY 控股　日線圖
2018 年 4 月～ 8 月

2018／5　　　　2018／6　　　　2018／7　　[年／月]

圖 37 股神解析

5 日線＞ 20 日線＞ 60 日線的「上漲 PPP」完成後，Ⓐ和Ⓑ區亮起分歧訊號。
Ⓐ和Ⓑ區的買進點都在紅線站上 5 日線的時候。

而在Ⓒ區，由於出現站上 5 日線、同時為下半身訊號的**紅線①**，從這強勁的
股價變動預測「會出現分歧訊號」，因此買進股票，卻發現分歧失敗。不過，
接下來是有可能上漲的，這次的買進操作並沒有錯誤。這次的分歧失敗告訴我
們「Ⓒ區就是股價的天花板，之後很有可能往下走」。失敗的結果一定暗藏
股價往反方向走的訊息。我們應該盡可能利用失敗背後的新訊號。

博報堂 DY 控股公司在 Ⓐ 區和 Ⓑ 區都成功完成分歧訊號，股價逐漸往上攀升，但在 Ⓒ 區卻分歧失敗，希望各位投資人對此都能抱持警覺。在 Ⓒ 的分歧發生之前，從股價「不上不下」的盤整狀況應該可以察覺過熱。

股價在天花板陷入盤整，就是分歧訊號失敗的前兆。在 Ⓒ 區的**紅線①**做多的結果是失敗，雖然出現做多的分歧訊號，但股價下跌，表示股價走弱的可能性相當高。

分歧失敗是一個警訊，在這裡可以判斷 Ⓒ 區是否為股價的天花板，必須迅速切換策略。可以改為保有多頭部位，再稍微追加空單的策略。

有些人的思考方式比較沒有彈性，認為股票的買賣訊號「必須100%準確，不準確就不用」。

但是，失敗的訊號也有利用價值。當某個訊號失準時，應該要想到**股價變動的走向將與訊號暗示的方向相反**。

化失敗為成功的分歧案例

我們來看看分歧訊號不成立時，如何切換買賣策略的案例。

下一頁圖 38 是連鎖電器行 Bic Camera 的股價線圖。Ⓐ 區的 5 日線就像是黏住 20 日線，之後又離開，建立了特異的分歧訊號。我在跌破 5 日線的**黑線**①進行放空，但是股價並未加速下跌。

當 5 日線下方的 K 線下端價格節節升高，大多都會分歧失敗。在 Ⓐ 區看到**紅線**②長長的下影線時，就能知道「這波下跌並不強」，所以要先出掉。

反過來說，我們也可以判斷「下端價格節節升高，表示反轉上揚的力道變強」，而在**長紅線**③再次挑戰，這也是很高明的手法。**長紅線**③同時突破 5 日線和 20 日線，亮起下半身訊號，是再次挑戰的依據。

接著請看 Ⓑ 區。股價被 60 日線壓著打，回到下跌趨勢，亮起分歧訊號。我在俐落跌破 5 日線的**黑線**④進行放空，結果分歧失敗。

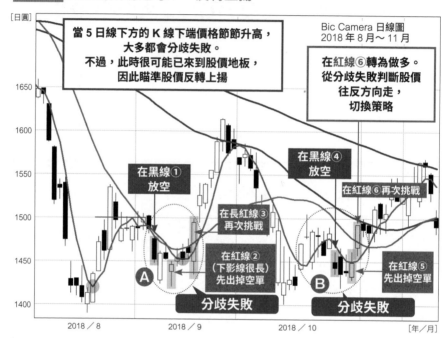

圖 38 失敗為成功之母——反轉上揚

[日圓]

當5日線下方的K線下端價格節節升高，
大多都會分歧失敗。
不過，此時很可能已來到股價地板，
因此瞄準股價反轉上揚

Bic Camera 日線圖
2018 年 8 月～ 11 月

在紅線⑥轉為做多。
從分歧失敗判斷股價
往反方向走，
切換策略

在黑線①
放空

在長紅線③
再次挑戰

在黑線④
放空

在紅線⑥再次挑戰

在紅線②
（下影線很長）
先出掉空單

在紅線⑤
先出掉空單

Ⓐ

Ⓑ

分歧失敗

分歧失敗

1650
1600
1550
1500
1450
1400

2018／8　　　　2018／9　　　　2018／10　　　　[年／月]

圖 38　股神解析

Ⓐ和Ⓑ兩個案例是從放空開始，稍微獲利之後就了結。這是因為在放空之後，
K線下端價格節節升高，或是進入盤整狀態，這種時候大多會分歧失敗。

不過，這種失敗也暗示「股價從下跌趨勢打底反彈的可能性」。在Ⓐ區分歧
失敗後的**紅線③**，亮起了漂亮的下半身訊號，出現再次挑戰的機會。在Ⓑ區
分歧失敗後，也可以判**斷紅線⑥**很強勁，因此進行買進。

重要的是別被失敗絆住腳步，要看出失敗暗示反方向變化的可能性，並且切換
策略。

在認為是分歧訊號因此下單後，K線卻進入盤整排列，這是失敗的前兆。在 **B 區**，連同**黑線④**在內，共四根黑線陷入盤整。我在**紅線⑤**感到不好的預感而出掉空單的原因，是因為相場式的 9 日法則。在**紅線⑤**之前出現了上影線很長的十字線，從那根十字線開始數，第九根 K 線正是**紅線⑤**。

這個分歧失敗的走勢，在隔天出現了突破 5 日線和 20 日線的**紅線⑥**。雖然 20 日線往下走，但如果你能從 **B 區**的分歧失敗，判斷「這根**紅線⑥**很強勁」，那就了不起了。**紅線⑥**之後連續出現兩根黑線，繼續持股感覺很可怕，你能深信「股價會來到 5 日線和 20 日線之上」而忍住不出掉呢？還是會馬上獲利了結呢？從這個決定就能判斷實力高下。

相場式訊號就算失敗也不會徒勞無功。當訊號失敗時，重要的是看準股價往相反方向的變化，請不要放棄，例子就擺在眼前。

失敗之後，也別忘了回顧線圖。Bic Camera 在 **A 區**之前，5 日線的低點已升高（淺綠圓圈處）。相較於近期的股價低點，5 日線的低點和高點的節節升高比較難注意到，請別忘了它，一定可以等到好時機到來。

5 日線持續刷新低點代表股價疲弱；低點節節升高則是股價強勢的證據。對於預測股價今後走向而言，是非常珍貴的指標。

鳥嘴是轉換趨勢的警示聲

「鳥嘴」和「反鳥嘴」訊號指的是 5 日線和 20 日線交會，形成如鳥嘴般的銳角（圖 39）。

圖 39　鳥嘴和反鳥嘴的關鍵，在於 20 日線傾斜方向

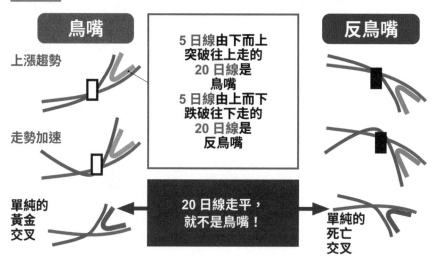

一定有人認為「這就是黃金交叉（死亡交叉）」，但其實兩者完全不一樣。

鳥嘴之所以像鳥嘴，是因為 **5 日線和 20 日線交會形成明顯的銳角（窄角度）**。至於黃金交叉和死亡交叉，無論 20 日線是否走平，只要有所交會即成立。運用黃金交叉和死亡交叉，並無法獲得勝利。

除了 5 日線之外，20 日線也必須有明顯且相同的趨勢走向，否則無法形成鳥嘴訊號。這就是相場式鳥嘴訊號與黃金交叉最大的不同。

20 日線往上走，處於上漲趨勢，5 日線則以更陡峭的上升角度突破 20 日線，這種銳角會在什麼時候形成呢？

只有在股價暫時下跌，或從下跌趨勢反轉上揚的氣勢很猛烈的時候，才會形成鳥嘴。

考驗投資人能否順勢搭上股價的順風車，這就是鳥嘴的魅力所在。漂亮的鳥嘴訊號形成後，幾乎沒有預測失敗的案例。只要是正確的鳥嘴形狀，單憑鳥嘴訊號判斷的精準度就很高，成功率也很高。

要說鳥嘴訊號的困難之處，也許是要小心別被下單後氣勢猛烈的股價給甩在後頭了。

鳥嘴的成功案例和「偽鳥嘴」

下一頁的**圖 40** 是 2016 下半年川普當選美國總統時的日經平均股價指數。牽動大行情的鳥嘴訊號出現在 **Ⓐ區**。

鳥嘴分為兩種：趨勢持續時出現的訊號，以及趨勢轉換時出現的訊號。從均線的排列來看，這檔個股屬於上漲趨勢持續時出現的訊號。原則上，分歧訊號的 5 日線在碰到 20 日線之前便遠離，但趨勢持續中的鳥嘴訊號，則是**發生在 5 日線暫時潛入 20 日線之下，接著快速浮出之後**。

在短時間急挫之後，股價快速反彈上漲，才是正確的鳥嘴訊號，否則只是在 20 日線走平狀態下，5 日線和 20 日線的單純交叉而已。

圖 40 的**長黑線①**顯示股價大幅下跌，接著出現**長紅線②**，股價快速反彈上漲，呈現出銳利的鳥嘴圖形。

這個案例在明確出現鳥嘴之後，要在**紅線③**下單買進。在出現驚心動魄的**長黑線①**之後，你可能會懷疑這個買進點是否過早，但此時你應該相信這股氣勢，勇敢買進，因為這可說是過去 30 年以來最漂亮的鳥嘴訊號前三名。

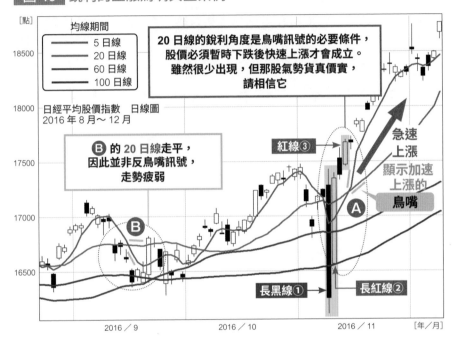

圖40 銳利的上漲鳥嘴典型案例

均線期間
- 5 日線
- 20 日線
- 60 日線
- 100 日線

20 日線的銳利角度是鳥嘴訊號的必要條件，股價必須暫時下跌後快速上漲才會成立。雖然很少出現，但那股氣勢貨真價實，請相信它

日經平均股價指數　日線圖
2016 年 8 月～ 12 月

B 的 20 日線走平，因此並非反鳥嘴訊號，走勢疲弱

紅線③

急速上漲
顯示加速上漲的
鳥嘴

長黑線①　　　長紅線②

2016／9　　　2016／10　　　2016／11　　[年／月]

圖 40　股神解析

Ⓐ區的鳥嘴在股價上漲趨勢中，股價暫時急挫，使 5 日線潛入 20 日線之下，接著快速上漲。5 日線與向上走的 20 日線交會，形成銳角。鳥嘴訊號出現在強勁的反轉上揚趨勢，因此一定會形成大行情。

再來就是顯眼的紅線和黑線。看見貫穿所有均線的 K 線，一定令投資人感到相當興奮。

正確投資步驟是在突破近期高點的**紅線③**買進。順帶一提，Ⓑ區的 20 日線處於走平型態，因此並非反鳥嘴訊號。實際上，其股價走勢疲弱，並不會真正大跌。

過去以來出現的鳥嘴訊號幾乎沒有預測失敗的狀況，請勇敢相信這股氣勢。之後就如你所見，上漲走勢持續，簡直到了暴漲的地步。

　　順帶一提，圖 **40** 的線圖左邊的 **Ⓑ** 區也出現 5 日線跌破 20 日線的情形。這條 20 日線處於走平狀態，因此並非反鳥嘴訊號，只是單純的死亡交叉。

趨勢轉換型鳥嘴
顯示股價的高空彈跳

　　接下來看看反鳥嘴的典型案例，也就是加速轉換至下跌趨勢的訊號。下一頁**圖41**顯示松本清控股公司在疫情帶來暴跌前後的股價變動，Ⓐ區出現趨勢轉換型的反鳥嘴訊號。

　　為了在趨勢轉換時形成反鳥嘴訊號，股價必須從離5日線、20日線「相當遠的高處」大幅下跌，且在5日線與20日線交叉之前，20日線必須往下走。

　　股價必須發生如高空彈跳般的下墜，才能形成如Ⓐ般銳利的反鳥嘴。只要點亮這種反鳥嘴訊號，股價一定會發生猛烈的下墜。

　　在松本清控股公司的股價線圖中，**黑線①**以反下半身訊號跌破藍色的60日線，此時就是進行放空的時機。

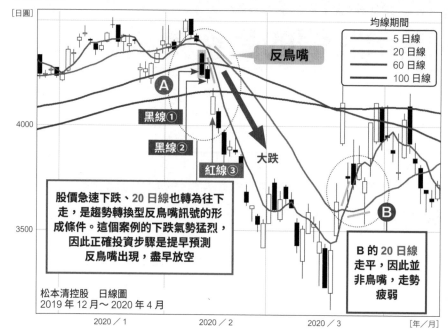

圖 41 趨勢轉換為暴跌前的「反鳥嘴」

[日圓]

均線期間
5 日線
20 日線
60 日線
100 日線

反鳥嘴

A

黑線①

黑線②

紅線③

大跌

4000

股價急速下跌、20 日線也轉為往下走,是趨勢轉換型反鳥嘴訊號的形成條件。這個案例的下跌氣勢猛烈,因此正確投資步驟是提早預測反鳥嘴出現,盡早放空

3500

B

B 的 20 日線走平,因此並非鳥嘴,走勢疲弱

松本清控股　日線圖
2019 年 12 月～ 2020 年 4 月

2020 ／ 1　　　　2020 ／ 2　　　　2020 ／ 3　　　[年／月]

 圖 41　股神解析

Ⓐ區出現「趨勢轉換型反鳥嘴」,股價從原先的上漲趨勢進入天花板的盤整狀態,接著就一躍而下。由於劇烈下滑的股價帶動 20 日線往下走,因此完成反鳥嘴。

在**黑線①**跌破 5 日線和 20 日線,並對 60 日線形成反下半身訊號時,投資人就可以預測「反鳥嘴可能出現」,迅速在**黑線①**放空。鳥嘴比其他訊號難出現,但出現之後的預測準確度很高,是它的魅力所在。順帶一提,Ⓑ區的綠色 20 日線走平,因此雖然股價上漲,但不是鳥嘴。

實際上，完成反鳥嘴的是隔天的**黑線②**，或是再隔天跌得更深的**紅線③**，但我希望投資人在這個案例中採取更快速的行動。出現**黑線①**的反下半身訊號之後，只要股價繼續下跌，就能看見反鳥嘴訊號完成，請做好這樣的預期，盡早在**黑線①**進行放空！

我將這種訊號完成前先發制人的手法稱作「**完成前選擇**」。這個案例就是在反鳥嘴「完成前」進行選擇，該衝的時候就要強勢衝過去。

之所以能如此果斷，是因為均線本身的性質：均線代表股價的平均值，只要一形成大方向，就無法馬上改變，會朝著同一個方向持續。

在**黑線①**出現時，你是否能判斷「只要隔天下跌，5 日線和 20 日線就會交叉，形成相當銳利的反鳥嘴」，並在訊號完成前做出選擇？你是否能鼓起勇氣提早下單？為了不被劇烈變動的股價拋在後頭，為了確實獲利，不可忽視以上決勝關鍵。

在**圖 41** 中，反彈上揚的 **Ⓑ區**也出現 5 日線往上與 20 日線交叉，但此時的 20 日線走平，因此並非鳥嘴。

鳥嘴和反鳥嘴
少不了耐心觀測

　　鳥嘴訊號的上漲氣勢強勁，準確度也很高，也許依照訊號下單後會有點擔憂，但只要再忍耐一下不要停損，常常就會得到甜美的結果。面對失誤，盡早撤退是鐵則，但漂亮的鳥嘴訊號可就是例外了。

　　圖 42 是水產公司丸羽日朗的股價線圖。綜觀整張圖，可以看到漂亮的「下跌、盤整、上漲」圖形。其中，Ⓐ區出現了鳥嘴。

　　20 日線向上走，代表過去盤整的局面見底，股價劇烈震盪，使 20 天的平均股價悄然上漲。在這樣的背景下，Ⓐ區的 5 日線與 20 日線交叉，形成銳利的角度，完成了鳥嘴。

　　從 20 日線上揚這點來看，可以知道上漲氣勢非常強，此時出現站上 5 日線和 20 日線的**紅線①**，也亮起下半身訊號，在此時買進就是投資的正確步驟。

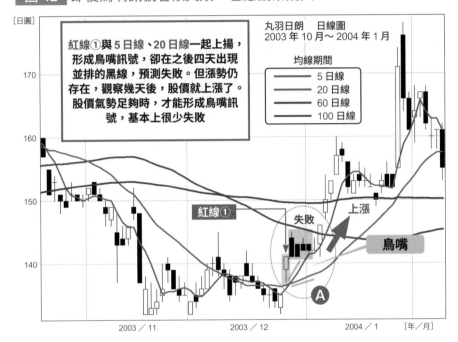

圖 42 即使鳥嘴訊號看似失敗，也應觀察幾天

[日圓]

> 紅線①與 5 日線、20 日線一起上揚，形成鳥嘴訊號，卻在之後四天出現並排的黑線，預測失敗。但漲勢仍存在，觀察幾天後，股價就上漲了。股價氣勢足夠時，才能形成鳥嘴訊號，基本上很少失敗

丸羽日朗　日線圖
2003 年 10 月～ 2004 年 1 月

均線期間

	5 日線
	20 日線
	60 日線
	100 日線

170

160

紅線①

失敗

上漲

150

鳥嘴

140

Ⓐ

2003／11　　　　2003／12　　　　2004／1　　[年／月]

 圖 42　股神解析

股價下跌後進入盤整，接著進入上漲時，出現了鳥嘴訊號。我在 20 日線向上走而且出現下半身訊號的**紅線①**下單買進，之後四天卻出現並排的黑線，訊號預測失敗。

但是，這四根黑線的收盤價呈現微妙的上揚，而且**紅線①**的氣勢非常強勁，因此要觀察幾天（考驗投資人是否忍耐得住）。結果，上漲氣勢再度加速，紅線連發，使股價接連突破 60 日線和 100 日線。

從過去 30 年的股價線圖可以驗證，漂亮的鳥嘴訊號完成後，幾乎沒有失敗的案例。如上圖「**紅線①**之後連續四根黑線」的情形，投資人如何靜觀其變，將是勝負的關鍵。

然而，隔天起出現連續四根黑線並排，看似走勢停歇，面臨失敗，但如果你能相信強勁漲勢，忍耐幾天之後，股價就會超過上面的 60 日線和 100 日線，成功轉換趨勢。

　　你可能在一瞬間曾感到失敗，但後續的上漲氣勢卻相當驚人。相較於下半身、反下半身、分歧訊號，5 日線與 20 日線以銳利的角度交會所形成的鳥嘴、反鳥嘴，是非常稀有而高效的訊號。

　　鳥嘴雖然很少出現，但一出現就帶著強烈威力，不妨相信這個訊號，充滿信心地下單吧。即使下單後未出現預期的股價變動，也請相信它的氣勢，耐心觀察幾天。

注意鳥嘴「騰空」

　　說了這麼多優點，但其實鳥嘴和反鳥嘴也有一個該留意的地方：當股價騰空上漲或下跌，單日出現大幅度變動，遠離前一天的股價，就是相當危險的時候。

　　下一頁**圖 43** 的 SKYLARK 控股公司便是很好的案例。在股價線圖的左半邊，股價持續上漲，在中央的**黑線①**的上影線寫下最高點。

　　接著股價如同高空彈跳般騰空下墜。而且連續四根黑線，完成銳利的**反鳥嘴 A**。

　　這個下跌氣勢的確相當猛烈，但在出現足以判斷反鳥嘴完成的**黑線④**時，股價已經大幅下跌了，這是難以操作的原因，在這裡進行放空已經太遲了。明明因為股價激烈變動，20 日線也往下走，完成了反鳥嘴訊號，最終還是無法獲利，真是太可惜了。

　　股價變動如此快速，**考量均線的特性，投資人難以追上激烈的股價變動**。結果，在訊號完成時，股價已經幾乎來到止跌的位置。

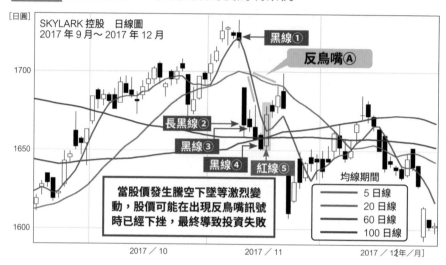

圖 43 股價走太快，導致失敗的反鳥嘴案例

[日圓]

SKYLARK 控股　日線圖
2017 年 9 月～ 2017 年 12 月

黑線①

反鳥嘴Ⓐ

長黑線②

黑線③

黑線④

紅線⑤

當股價發生騰空下墜等激烈變動，股價可能在出現反鳥嘴訊號時已經下挫，最終導致投資失敗

均線期間
5 日線
20 日線
60 日線
100 日線

2017／10　　　2017／11　　　2017／12年／月]

　　在騰空下墜後的**長黑線②**，或是反鳥嘴完成前的**黑線③**可進行放空，但若想看到反鳥嘴訊號完成，就要等到**黑線④**出現。但結果隔天出現**紅線⑤**，以失敗告終。

　　請記住，鳥嘴、反鳥嘴**唯獨在 K 線騰空下跌或上漲時，可能會失敗**。

　　因為鳥嘴和反鳥嘴訊號象徵激烈的股價變動，是個非常好賺的訊號，但也因為股價變動猛烈，經常發生股價走太快、訊號跟不上的狀

況，令人煩惱。

　　投資人對這部分的拿捏應保持敏感，這是鳥嘴和反鳥嘴訊號的使用注意事項。掌握之後就能制服暴漲、暴跌的股價。

什麼是 N 大和反 N 大？

　　股價趨勢由多空攻防戰形成，多方勝出即為上漲趨勢，空方勝出則為下跌趨勢。

　　在多方與空方的戰場上，有時看似多方壓倒性獲勝，股價強勢上漲，但空方勢力回歸，股價在初期階段短暫下跌。而多方也不認輸，驅逐最後反擊的空方剩餘勢力，再度壓倒性獲勝。這種情況下，股價就會開始強勢上漲，形成真正的走勢。因為多方兩度抵擋住空方的攻勢，這種走勢一定會很強勁。

　　具體顯現這類多空攻防戰的訊號，就是 N 大、反 N 大（圖 44）。

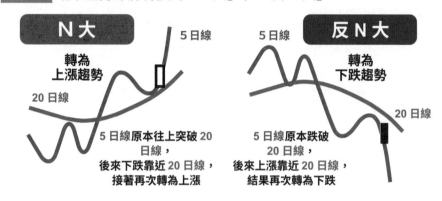

圖 44 暗示趨勢即將轉換的「N 大」和「反 N 大」

N 大

轉為
上漲趨勢

20 日線

5 日線

5 日線原本往上突破 20
日線，
後來下跌靠近 20 日線，
接著再次轉為上漲

反 N 大

5 日線

轉為
下跌趨勢

20 日線

5 日線原本跌破
20 日線，
後來上漲靠近 20 日線，
結果再次轉為下跌

此訊號發生在趨勢轉換初期，因此可以獲得高收益

　　5 日線由下往上突破 20 日線，轉換為上漲走勢時，又暫時跌回 20 日線附近，接著再次轉為上漲，這就是 **N 大**，適合做多買進。

　　5 日線原本由上往下跌破 20 日線，後來反轉上揚，逐漸靠近 20 日線，結果又往下墜，這就是**反 N 大**，適合做空。

　　在股價因疫情而暴跌後的反彈回升中，N 大也能發揮極致威力。在 2020 年 3 月中旬的暴跌之後，5 日線突破 20 日線，形成 N 大訊號。之後股價持續上升，訊號非常準確。這種案例在許多個股中也可看見。

　　除了均線，股價本身也會呈現 N 字形變動。這種變動容易出現在

壓力線和支撐線的高點、低點線，以及整數關卡。作為壓力線的高點或整數關卡一旦被突破，該股價線就會快速轉變為抵擋股價下跌的支撐線。

股價突破壓力線之後，會一度下跌至原先的那條壓力線，投資人可以藉此確認這條線是否真的已經變為支撐線，如此一來，均線自然就會形成 N 字形。

原先的壓力線變成支撐線，以及原先的支撐線變為壓力線，這種「角色轉換」經常發生在線圖上（圖 45）。

以某個層面來看，N 大可說是一種均線的類型。

靠近之後又遠離，乍看之下彷彿是分歧訊號，但其實不一樣。N 大訊號的 5 日線原本在 20 日線之下，接著由下往上突破 20 日線，然後跌回 20 日線附近，又再遠離 20 日線；反觀分歧訊號的 5 日線原本就在 20 日線之上，接著靠近 20 日線，然後又遠離 20 日線。兩者的差異就在這裡。

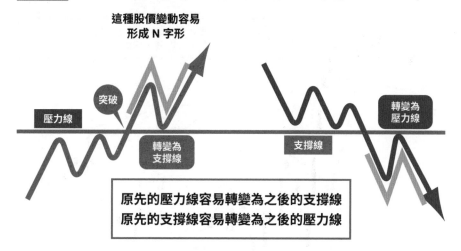

圖 45 支撐線、壓力線的角色轉換後,形成 N 字形

這種股價變動容易
形成 N 字形

突破

壓力線

轉變為
支撐線

轉變為
壓力線

支撐線

原先的壓力線容易轉變為之後的支撐線
原先的支撐線容易轉變為之後的壓力線

　　N 大、反 N 大的完成條件,是一開始 5 日線必須突破 20 日線,因此可說是趨勢轉換初期發生的訊號。所以股價很有可能像這次疫情暴跌般發生反彈。在出現鳥嘴、反鳥嘴之後,就會出現 N 大、反 N 大。

　　由於該訊號發生在走勢的初期,而且一旦回檔修正後,就容易出現一目了然的股價變動,即使是初學者也能輕易駕馭。

　　接著趕緊來看實際案例吧。下一頁**圖 46** 是日經平均股價指數的指數變動。你可能會錯以為這是發生在 2020 年 3 月的疫情暴跌,但這其實是 2015 年 10 月的暴跌和反轉上揚。

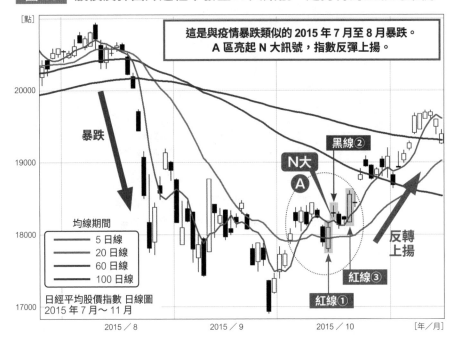

圖 46 股價反彈回升過程中發生 N 大訊號，走勢轉為上漲的案例

這是與疫情暴跌類似的 2015 年 7 月至 8 月暴跌。
A 區亮起 N 大訊號，指數反彈上揚。

暴跌

均線期間
—— 5 日線
—— 20 日線
—— 60 日線
—— 100 日線

日經平均股價指數 日線圖
2015 年 7 月～ 11 月

黑線②

N大
Ⓐ

反轉上揚

紅線③

紅線①

2015／8　　　2015／9　　　2015／10　　　[年／月]

 圖 46 股神解析

暴跌後必然會反轉上揚，接著下跌，然後上漲……如此反覆出現，即為股市的定律。請牢牢記住上圖的股價變動。在下次出現股市暴跌、盤整小幅動盪（初學者靜觀其變為佳），接著反轉上揚等各種局面，就可以好好大賺一筆。

其中，在反轉上揚時出現的「買進的 N 大」是一個好機會。你可以在代表反彈的**紅線①**或類似十字線的**黑線②**早早買進。而在**紅線③**，5 日線已經確實往上走，完成了 N 大訊號，也可以在這時追加買進。

歷史總是不斷重蹈覆轍。未來的提示存在於過去的股價變動紀錄中，從這張線圖就可以略知一二。

在 2015 年的 Ⓐ 區，5 日線由下而上突破 20 日線之後，紅線和黑線交錯出現，使 5 日線短暫下跌。20 日線從向下走轉為走平，趨勢似乎在改變，當你看見**紅線①**穿過 20 日線的時候，應該要意識到「這好像會形成 N 大訊號」。

如果是進階班的投資人，可以在**紅線①**預測 N 大訊號而買進，也可以在形似十字線的**黑線②**站上 5 日線時進場。如果是想採取保守戰術的初學者，則可以在出現**紅線③**、5 日線轉為往上走、完成 N 大訊號時買進。

如果想賺更多，可以在**紅線①**、**黑線②**、**紅線③**都買進，在之後股價反彈上揚時就能全轉換為收益。

無論如何，N 大訊號都是在上漲階段初期的「暫跌」時發生的新鮮貨，當你跟上這股新氣勢，就能大賺一筆。

下一頁**圖 47** 也是日經平均股價指數，可以看到指數在下跌趨勢中發生好幾次反彈上漲，漲了又跌，跌了又漲，起起伏伏。

圖 47 別錯過反彈上漲中遇到的小 N 大！

圖外的股價
跌到這裡

日經平均股價指數數
日線圖
2012 年 5 月～10 月

雖然最終獲利不多，但可以在出現這根
突破 100 日線的長紅線時買進

N大

A

均線期間

5 日線
20 日線
60 日線
100 日線

止跌並
上下震盪

2012／6　　2012／7　　2012／8　　2012／9 [年／月]

　　5 日線突破 20 日線、指數快速上漲後，5 日線在 Ⓐ 區穿過了上方
的 100 日線，形成 N 字形。這個案例並非直線反彈上揚，而是稍微上漲，
接著盤整又下跌。

　　如這個案例所示，並非所有的股價反彈都會很強烈。如果要買進
的話，會在出現突破 100 日線的長紅線時下單，但還沒有產生明顯收
益，股價就往下走了。

圖 **48** 為圖 **47** 的時序往前拉一點的日經平均股價指數,可以看到其低迷的狀況。突破 20 日線的 5 日線在 Ⓐ 區短暫下跌,接著轉為上漲,完成了 N 大訊號。在此情況下,你可以在 5 日線尚未轉為上漲的**紅線①**買進,也可以在已經確實完成 N 大訊號的**紅線②**買進。

然而,指數在那之後並未持續直線反彈上揚,而是又轉為下跌。指數跌破了藍色的 60 日線,接著再次轉為上漲,以**紅線③**再度向上突破 60 日線。接著指數還突破了 100 日線,但氣勢無法延續,在**圖 48** 的最右邊,四條均線逐漸靠近。

圖 48 指數遇到 60 日線、100 日線高牆,無法持續反轉上漲的案例

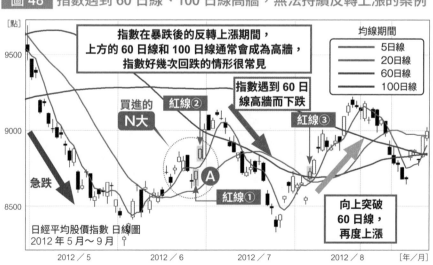

指數暴跌後會轉為上漲，雖然突破了上方的 20 日線高牆，卻在碰到 60 日線高牆後下跌，接著總算突破 60 日線，但又碰到上方的 100 日線高牆……這種情形也很常出現。

對於反轉上漲中的股價來說，上方的均線是**接二連三出現的敵人**。因此，股價會數度受到強敵均線的阻擋，最終才正式轉為上漲。

N 大的失敗類型

下一頁**圖 49** 是 N 大訊號預測失敗的案例。均線的排列呈現 100 日線＞ 60 日線＞ 20 日線＞ 5 日線，形成完美的下跌趨勢（反 PPP），指數卻在此趨勢中反彈上漲。Ⓐ區出現了類似 N 大的訊號，但指數並未就此上漲，反而再次加速下降。

出現 N 大的時候，上方往下走的 60 日線看似沉重。結果指數無法抵達 60 日線，在 14,000 點的整數關卡停滯，然後反轉下滑。

這時候投資人該怎麼辦呢？答案是「坦率承認失敗，在**紅線③**退場」。**撤退也是一門技術**。我們並不是因為訊號預測失敗所以放棄，相反地，**失敗代表了股價往反方向變動的新訊號**。

如果股價走勢不穩定，請同時操作多空兩個部位，減少多頭部位，增加空頭部位。這稱為「**部位操作**」，希望各位將來學會駕馭這個技術。

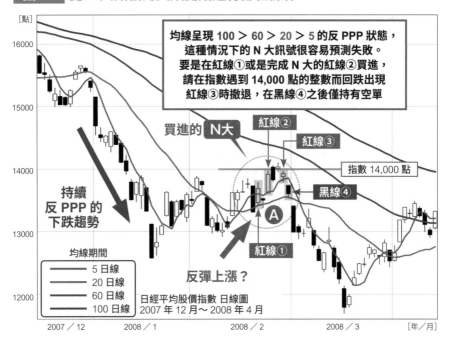

圖49 從 N 大訊號的失敗開始進行部位操作

均線呈現 100 > 60 > 20 > 5 的反 PPP 狀態，
這種情況下的 N 大訊號很容易預測失敗。
要是在紅線①或是完成 N 大的紅線②買進，
請在指數遇到 14,000 點的整數而回跌出現
紅線③時撤退，在黑線④之後僅持有空單

買進的 N大

紅線②

紅線③

指數 14,000 點

黑線④

持續
反 PPP 的
下跌趨勢

A

紅線①

反彈上漲？

均線期間

—— 5 日線
—— 20 日線
—— 60 日線
—— 100 日線

日經平均股價指數 日線圖
2007 年 12 月～ 2008 年 4 月

[點]

16000

15000

14000

13000

12000

2007／12　　2008／1　　　2008／2　　　2008／3　　[年／月]

 圖49 股神解析

指數急跌後進入盤整，接著出現反彈上漲的氣息。由於此時是反 PPP 狀態，
必須慎重行事。

要是在亮起 N 大訊號前出現下半身訊號的**紅線①**，或是在完成 N 大訊號的**紅線②**買進，指數卻在遇到 14,000 點的整數關卡回跌，出現**紅線③**，這時要考慮指數可能下跌，維持多頭部位並增加空頭部位可能會比較好（追加空單）。
暫時持有多單和空單（部位操作），觀察情勢。

接著出現了反下半身訊號的**黑線④**，只要將所有的多頭部位出掉，僅持有空頭部位，就能確實獲得下跌的收益。

如果你認為股價絕對會如訊號預測般發展，結果橫衝直撞，背離股價變動，那就一定無法獲勝。請多看看失敗案例，鍛鍊交易的眼光、度量、容忍度。

反 N 大更容易帶動大趨勢

　　沒有人會把買進的股票帶進棺材，只要有欲望，總有一天會賣掉換現。而且，股票這種東西，下跌速度經常比上漲還快、還激烈，起伏也更大。

　　當股價轉為急跌，向下走的 5 日線短暫上揚又下跌，形成反 N 大訊號，這可以說是個好預兆。多方兩度被驅趕，下跌氣勢強勁，跌幅自然就大。

　　圖 50 的網路遊戲公司 COLOPL 股價線圖中，亮起了反 N 大訊號。

　　綠色的 20 日線和 1,500 日圓的整數關卡完美發揮了作用，成為阻擋股價反轉上揚的兩座高牆。由於在**黑線①**亮起了反下半身訊號，此時可以預測反 N 大訊號並進行放空，接著在類似十字線的**紅線②**（下半身訊號）停利。

　　在急跌的過程中，即使出現紅線，**只要 5 日線、20 日線仍往下走，而且股價在其之下，就請忍住停利的欲望，拉長放空期間。**

圖50 反N大加速下跌的典型案例

```
[日圓]                  COLOPL 日線圖
                        2019 年 8 月～ 12 月
1800
                   均線期間
1600
                   ──── 5日線
                   ──── 20日線
1400               ──── 60日線
                   ──── 100日線
1200

1000

800

          2019／9          2019／10          2019／11    [年／月]
```

這是非常漂亮的反 N 大訊號，這種類型的
股價下跌時，仍然常出現紅線，但在 5 日線和
20 日線都往下走的期間，請先忍住不要停利

(A)

股價關卡 1,500 日圓

反N大

黑線①

紅線② 在類似十字線的
下半身訊號出現
時停利

　　下一頁**圖 51** 是王子製紙的股價線圖。5 日線在受到走平的藍色 60
日線和紫色 100 日線的壓迫下，出現了反 N 大訊號，可以運用組合技。

　　紅線①雖然超越了 60 日線，卻很快受到 20 日線的壓迫，股價就
此下跌，這是值得關注的重點。接著出現了橫跨 5 日線、60 日線、100
日線的**黑線②**，再接著出現的**黑線③**橫跨 5 日線和 100 日線。雖然 60
日線和 100 日線走平，但 5 日線向下走，因此「股價對 5 日線形成反
下半身訊號」。多個指標同時出現，果然是個氣勢強勁的優良案例。

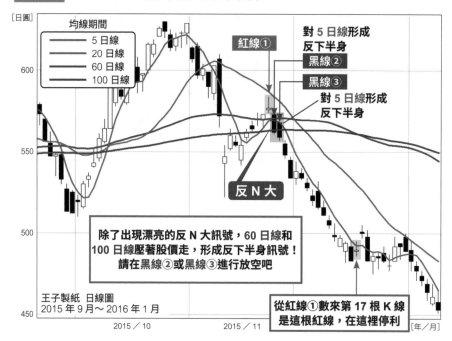

圖 51 反 N 大和其他訊號組合的案例

[日圓]

均線期間
— 5 日線
— 20 日線
— 60 日線
— 100 日線

紅線①

對 5 日線形成
反下半身
黑線②

黑線③

對 5 日線形成
反下半身

反 N 大

除了出現漂亮的反 N 大訊號，60 日線和
100 日線壓著股價走，形成反下半身訊號！
請在黑線②或黑線③進行放空吧

王子製紙 日線圖
2015 年 9 月～2016 年 1 月

從紅線①數來第 17 根 K 線
是這根紅線，在這裡停利

[年／月]

2015／10　　　2015／11

 圖 51 股神解析

這檔個股下跌得很漂亮，彷彿在證明反 N 大很容易形成大趨勢。

不只 5 日線形成反 N 大訊號，上方走平的 60 日線和 100 日線阻擋了股價上漲，效果驚人。之後，股價持續比前一天下跌，直到第 17 根 K 線，幾乎是 9 日法則的兩倍。

股價大跌後，在多方的努力下，一度出現站上 60 日線的**紅線①**，但其纖長的上影線就是「疲弱」的證據。

接著出現**黑線②**和**黑線③**，股價看起來受到 60 日線和 100 日線的阻擋，多方崩潰，股價持續下跌。

之後，股價持續下跌，時間長達 9 日法則的大約兩倍，在開始下跌以來的第 17 根 K 線出現紅線，終於碰到 5 日線而止跌。此時別因為下跌途中出現紅線而停利，**只要股價低於 5 日線就延長獲利**，投資人應採取這種堅定的心態。

　　賺了錢就急著獲利了結，這是失敗者的想法。當然，如果投資股票一直賠錢，在出現久違的獲利時，就會害怕失去獲利，我能理解這種心情。但對於賺錢、賠錢的損益過度患得患失，也不是一件好事。將精神全集中在股價變動的人，最終才會獲得最大的收益。

　　股價和人一樣，受到稱讚就會成長。不要只想著賺錢，請以教育者的心態守望著股價的變動吧。如此一來，就能獲得最美妙的收益。

化失敗的反 N 大為成功

　　當股價像尼加拉瀑布一樣傾瀉而下，運用相場式投資術進行放空的人就會樂此不疲，但要是如**圖 52** 的日經平均股價指數般出現膠著的狀態，那可就很痛苦了。股價會下跌嗎？還是繼續盤整呢？股市經常發生持續混亂的狀態，結果反 N 大就以失敗告終。

　　在這張線圖中，先前的上漲局面裡，綠色的 20 日線成為阻擋 5 日線下跌的支撐線，但由於反下半身訊號的**黑線①**出現，這條 20 日線便轉換角色，成為阻擋 5 日線上漲的抵抗線。因為亮起反 N 大訊號，不妨就在這裡進行放空吧。

　　黑線①的前一根 K 線碰到 10,500 點的整數關卡便回跌，這也是我們在**黑線①**放空的依據。但是，在那之後的第三根 K 線是站上 5 日線的**紅線②**，形成下半身訊號，於是不得不承認在**黑線①**放空會失敗。

　　暴跌之前的股價變動總是很膠著，從 5 日線至 100 日線都會向同一個價格區段靠攏，彷彿就像一聲「暴跌之前，全員集合」般容易聚集，不過**圖 52** 的情形又是如何呢？

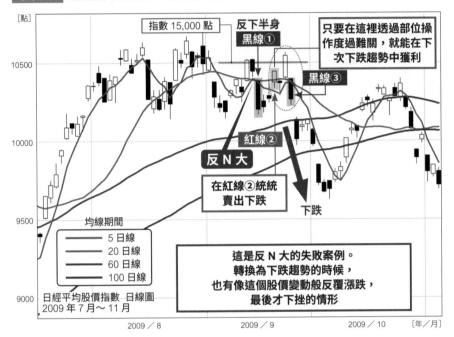

圖 52 運用部位操作，度過失敗的反 N 大

這是反 N 大的失敗案例。
轉換為下跌趨勢的時候，
也有像這個股價變動般反覆漲跌，
最後才下挫的情形

圖 52 股神解析

9 月中旬亮起了反 N 大訊號，但由於**紅線②**的下半身訊號，投資人必須盡早撤退，不過現在退場還太早。5 日線的高點節節下跌，10,500 點的整數關卡又形成阻擋指數上漲的高牆，20 日線也成為 5 日線的抵抗線……種種跡象不正顯示了上漲趨勢已來到天花板嗎？

這種時候就要在**紅線②**先出掉，到了**黑線③**（反下半身）再放空，然後在之後的大跌中獲利。雖然出現意外的上漲趨勢，但**黑線①**的反 N 大仍是「好的失敗」。當投資人確實掌握之後的放空機會，就有可能挽回頹勢。

藍色的 60 日線和紫色的 100 日線都遠離指數，在非常下面的位置。以此來看，均線不夠聚集也許就是其中一個敗因。

　　只要在**紅線②**之後增加多頭部位，再伺機減少多頭部位、增加空頭部位，運用部位操作度過這個難關，接下來指數跌破 60 日線、100 日線就可以獲利了。

　　正所謂失敗為成功之母，即使失敗也不要氣餒、賭氣，將失敗轉為成功的堅定意志也很重要。

　　相場式投資技術的其中一個座右銘是「當個股市跟蹤狂」。面對股價變動，請以接近跟蹤狂的糾纏本色上陣（當然，僅限於面對股票才能這麼做）。

PPP 的成功和失敗案例

在之前的章節提到很多次均線的排列所形成的 PPP 和反 PPP，我想各位已經記住了，本節則再次探討成功和失敗的案例。

如下一頁圖 53 的日本郵船所示，當均線的排列完美呈現 5 日線＞20 日線＞60 日線＞100 日線的狀態，就適合進場買進。

但投資人不能因為完成 PPP 狀態就放心。由於均線的性質，紅色的 5 日線仍然會配合股價上下波動而上下擺盪。

當 PPP 狀態出現時，我們的買賣操作是一邊確認中長期均線間隔相等，且以 20 日線＞60 日線＞100 日線的排列方式一起往上走，然後一邊配合紅色 5 日線的上下波動，重複「下跌時買進，漲不上去就先賣出」的模式。

在這個案例中，**黑線①**和**黑線②**之後出現了**紅線③**，看起來會發生分歧訊號，所以在此時進場買進。到了**黑線④**跌破 5 日線，形成反下半身訊號時，就是脫手的時機。

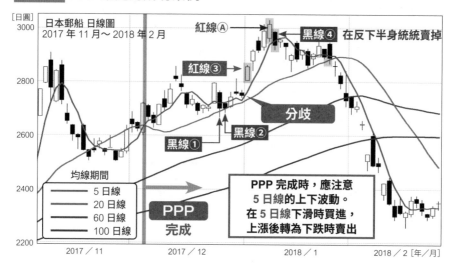

圖 53　PPP 常見的成功案例

[日圓]

日本郵船 日線圖
2017 年 11 月～ 2018 年 2 月

紅線Ⓐ　黑線④　在反下半身統統賣掉

紅線③

黑線①　黑線②

分歧

均線期間
── 5 日線
── 20 日線
── 60 日線
── 100 日線

PPP
完成

PPP 完成時，應注意
5 日線的上下波動。
在 5 日線下滑時買進，
上漲後轉為下跌時賣出

2017 / 11　　　2017 / 12　　　2018 / 1　　　2018 / 2 [年／月]

　　此外，雖然仍然呈現 PPP 狀態，但**紅線 A** 已達上漲的高峰，所以
請不要在此時買進。畢竟 5 日線已經相當遠離 20 日線，即使之後持續
上漲，以 9 日法則來看也不是好策略。請好好運用 5 日線的上下波動，
在 5 日線往下走又再度轉為上揚時買進，才是重點。

PPP 的失敗
大多發生在天花板

　　我們也來看看因為 PPP 而買進卻失敗的案例吧。PPP 的失敗多數發生在股價已達天花板的時候，請學會盡早察覺漲勢的結束時刻。

　　下一頁**圖 54** 是發生在**圖 53** 之後的日本郵船股價線圖，股價持續上漲趨勢，碰到 3000 日圓的整數關卡後下滑，形成了箱型股價區。

　　假設我們在**紅線①**買進，原因是在 PPP 狀態下，股價靠近 20 日線，並以長長的下影線作收，這是早期進場的模式。

　　如果在**黑線②**買進，原因就會是股價在 PPP 狀態中下跌，而且股價剛好在 20 日線止跌，可以預測即將轉為上漲。

　　也有很多人會在**紅線③**買進，這可以說是因為股價在 PPP 狀態中曾突破 5 日線，形成下半身訊號，投資人對此很有信心，所以進場。

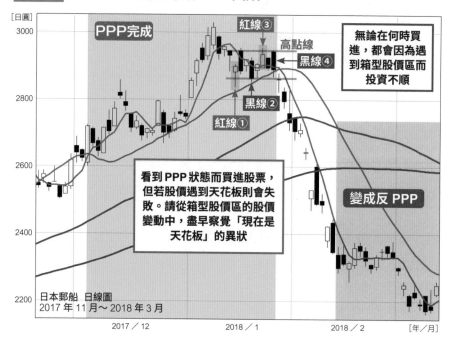

圖 54 形成箱型股價區導致 PPP 失敗

PPP完成

無論在何時買進,都會因為遇到箱型股價區而投資不順

看到 PPP 狀態而買進股票,但若股價遇到天花板則會失敗。請從箱型股價區的股價變動中,盡早察覺「現在是天花板」的異狀

紅線③
黑線④
高點線
黑線②
紅線①

變成反 PPP

日本郵船 日線圖
2017 年 11 月～2018 年 3 月

[日圓]
3000
2800
2600
2400
2200

2017 / 12   2018 / 1   2018 / 2   [年/月]

 圖 54 股神解析

在 PPP 狀態下買進的原因百百種。在**紅線①**買進的人認為下影線很長,預測股價會上漲,因此早期進場。在**黑線②**買進的人認為 PPP 狀態中股價下跌,但在 20 日線止跌,判斷「股價差不多要上漲了」,因此買進。在**黑線③**買進的人則認為股價在 PPP 狀態中出現下半身訊號,便信心十足地買進。

但即使在 PPP 狀態下,股價也會走到天花板,一旦在箱型股價區停滯,無論何時買進都不會成功。從箱型股價區的股價變動,和嘗試買進卻投資不順的狀況中,如果能盡早察覺「這裡是天花板」,就能對於股價之後的下跌走勢有所防備。在上圖的右半邊,反 PPP 完成後,股價也同時止跌了,有時候要是等著 PPP 或反 PPP 完成就太遲了。

接下來的發展如何呢？怪了，在**紅線③**之後連續出現兩根黑線。仔細一看，它們的最高價都相當類似。如圖所示，高點線成了頑強的壓力線，看起來好像有點危險。

　　我希望各位投資人在此時發現**紅線③**的位置形成箱型股價區，並在**紅線③**之後的第二根**黑線④**（反下半身訊號）出掉持股。或者也可以追加放空，進行部位操作。如果願意採行部位操作，在股價遠離箱型股價區時出掉多頭部位的決策也很重要。**PPP 狀態下仍須注意箱型股價區**，請隨時檢查上漲走勢是否正在衰退。

反 PPP 的成功與失敗差距

　　反 PPP 狀態下的放空操作，和 PPP 狀態下的做多重點相同，重要的是從走勢的停滯和 5 日線的上下波動中判讀情勢。

　　在**圖 55** 的 NTT 股價線圖中，股價從上漲轉為盤整，然後在 Ⓐ 區開始下跌。「股價、5 日線、20 日線」跌破「60 日線、100 日線」，完成了反 PPP 狀態，緊接著在 Ⓑ 區還發生了分歧訊號。

　　後來，股價在 Ⓒ 區受到 20 日線的壓迫，轉為下跌，出現代表反下半身訊號的**黑線 B**，又再度發生分歧訊號。這根**黑線 B** 就是進場放空的時機。從下跌的起點紅線 a 開始數，在剛好第九根 K 線的**黑線 C**停利，是反 PPP 狀態下理想的放空操作。

　　這種狀況請注意 60 日線和 100 日線這兩條長期均線的排列變化。當 60 日線位於 100 日線的上方，且兩條線靠得非常近時，可以想見當股價持續下跌，不久後紫色的 100 日線就會變成在最上方。

　　長期均線的排列變化，以及預想變化的發生，都有加速股價下跌

的效果。投資人不僅要注意短期時間軸上出現的訊號，也要預測出諸如 60 日線＞ 100 日線，變成 100 日線＞ 60 日線的變化。請建立大範圍的預測習慣，從長期的觀點預想下跌走勢的加速情況。

PPP 的失敗案例大多源於股價天花板，而反 PPP 的失敗案例則相反——大多在於股價地板。即使股價持續下跌趨勢，途中仍會出現盤整的休息期。在盤整狀態中，即使按照 PPP 或反 PPP 來買賣股票，也無法使投資順利。

圖 55 在反 PPP 狀態下也要注意長期均線的排列

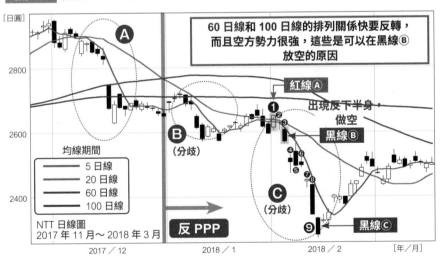

圖 **56** 的東北電力也是其中一例。這檔個股完美形成了 100 日線＞60 日線＞20 日線＞5 日線的反 PPP 狀態，因此我在**黑線①**試水溫放空，在**黑線②**的反下半身訊號出現時正式進行放空。我賭這檔個股將加速下跌，但股價之後卻轉為盤整。

　　此時，必須遵守在出現下半身訊號的**紅線③**撤退。在反 PPP 狀態中，如果股價一度減緩下跌，請在確認到盤整的變動後盡早脫手。花一段時間暫停買賣、觀察股價變動也是很重要的。

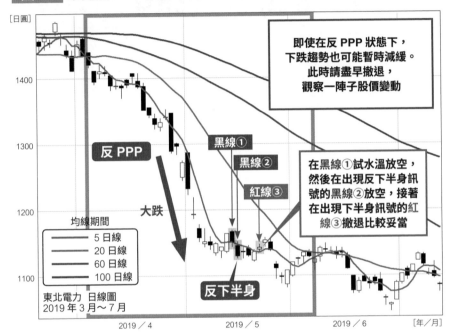

圖 56 察覺反 PPP 狀態中的盤整並觀察情勢

[日圓]

即使在反 PPP 狀態下，
下跌趨勢也可能暫時減緩。
此時請盡早撤退，
觀察一陣子股價變動

1400

1300

黑線①

黑線②

反 PPP

紅線③

在黑線①試水溫放空，
然後在出現反下半身訊
號的黑線②放空，接著
在出現下半身訊號的紅
線③撤退比較妥當

大跌

1200

均線期間

　　5 日線
　　20 日線
　　60 日線
　　100 日線

反下半身

1100

東北電力　日線圖
2019 年 3 月～7 月

2019／4　　　　　2019／5　　　　　2019／6　　　　[年／月]

 圖 56 股神解析

當股價在反 PPP 狀態下大跌，即使之後出現盤整，仍有很多人會想「看準股
價再次下跌，因此進行放空」。

然而，在均線呈現反 PPP 的狀態中，股價也有可能持續盤整。如果此時緊抓
著「曾出現過反下半身訊號」的想法進行放空，最後常會得不償失。

從這張線圖可以知道，這檔個股持續了相當長的盤整走勢。要是投資人還勉強
持續買賣，我可以斷言他們不會獲利。

有時候，我們應該要果斷判斷「靠現在這張線圖無法獲勝」，轉而尋找股價變
動狀況更加優良的個股。

統整相場式 5 大訊號

【下半身／反下半身訊號】

判斷下半身與反下半身訊號時，5 日線的方向非常重要。單獨出現此訊號時不應貿然買賣，請與近期的高低點、整數關卡、分歧訊號、鳥嘴訊號發生前一天等其他訊號組合觀察。

我們應該養成自然而然逐一確認其他訊號的習慣。只要確實建立判斷標準來區分成功和失敗，下半身和反下半身訊號就是最容易提高精準度的訊號。

此外，運用 9 日法則，就能將收益延展至最大。藉由數 K 線的數量，抓到停利的時機，對初學者來說也很容易！

【分歧訊號】

分歧訊號告訴投資人上漲趨勢中的暫跌買進點，以及下跌趨勢中

的回漲放空時機，可以說是相當適合初學者運用的訊號。

別錯過與趨勢方向相反的 K 線，以及該 K 線對 5 日線形成的下半身或反下半身訊號，此時請抓準股價回到趨勢方向的時機。預測「接下來會形成分歧訊號」後，請盡早下單。

【鳥嘴訊號】

鳥嘴是 5 日線和 20 日線交會的訊號，必要條件是 20 日線本身也呈現一定角度的往上或往下。若是走平的 20 日線，即使與 5 日線交會，那也不是鳥嘴訊號。

經過上百、上千檔個股的線圖驗證，當真正美麗的鳥嘴完成之際，預測成功率幾乎可說是百分之百，是精準度相當高的訊號。

鳥嘴訊號會出現在趨勢大轉換的初期階段，投資人可以藉此從趨勢的開始到結尾都大豐收。

不過，K 線也有可能變動過於激烈，導致鳥嘴發生時已經開始劇烈的股價變動，而使投資人操作失敗，唯獨這一點應留意。

【N 大／反 N 大訊號】

N 大是我本人很喜歡的訊號。由於此訊號會在趨勢轉換初期正確告知股價走向，常常能讓投資人獲利，非常好用。

不過也有趨勢轉換氣勢疲弱，導致預測失敗的案例，此時請注意 5 日線的低點節節升高或高點節節下降的狀況。當 5 日線的低點節節升高，面對 20 日線亮起 N 大訊號時，就代表股價將轉為非常強勁的上漲趨勢。

【PPP ／反 PPP 訊號】

和買賣訊號相比，PPP 和反 PPP 訊號比較適合用來確認走勢狀況。請緊盯與股價一同反覆上下震盪的 5 日線的變動，看準 5 日線在 PPP 狀態中暫時下跌後即將上漲的時機，以及 5 日線在反 PPP 狀態中暫時上漲後即將下跌的時機。

第6章

投資人的
最高
休息法

成為只瞄準
好球揮棒的投資人

　　如同第 1 章所述，投資股票就算站著不動，也不會被三振出局。因此，保持「**只瞄準好球揮棒，目送壞球離去**」的心態很重要。尤其在新冠疫情時期，投資人更需要改變投資股票的習慣。

　　投資也要休息。

　　徹底實踐這句話的人，績效會比持續胡亂買賣股票的人還厲害。

　　首先，請找到自己的拿手招式，了解「自己的好球帶在哪裡」。找到之後，只將此招式運用在有贏面的場合，盡量克制「想賺更多更多」的欲望。

養成每日鑑賞
個股線圖的好習慣

　　話雖如此，我也知道即使明白前述的道理，股票投資就是讓人欲
罷不能。因此，我建議各位迷途羔羊，要做好一項與交易無關的功課：
每天一次在固定的時間，觀察二至三檔個股。

　　請各位如同觀賞庭院花朵或美術館的西洋繪畫般，以無欲無求的
心態觀察個股。藉由每天觀看數檔個股，就能發現諸如「今天和昨天
相比沒有明顯的變化」「咦？和昨天相比有一點變化」「好像會發展
出新的趨勢」這樣的細微改變，並且在同一個時間軸上體驗這些變化。

切身感受股價
發生變化的緩慢時光

我先前介紹過看千張線圖的練習方法，基本上我很重視大量練習，以及經年累月後融入骨子裡的學習效果。

不過，這個練習必須經過一段長時間才能產生效果，這是唯一的缺點。即使你能感受到「如果變成這樣，之後就會變成那樣」的股價變動模式，也無法切身感受股價發生變化的緩慢時光。

但是，每天進行數檔個股的「線圖鑑賞」，不只能幫助你體會股價產生變化的時刻，也能感受到股價尚未發生變化的時光。

練習之後，你將得到意想不到的效果，你會發現「**這裡要休息，這裡則是股價要發生變化的時候**」，學會懂得區分壞球和好球帶。

具體來說，
該在什麼時候休息？

什麼時候算是壞球，該目送它離開？

在 K 線從下跌轉為盤整（上漲轉為盤整）之後，盤整持續一段時間時，就是該休息的場面。

這種時候無論做多、做空都無法獲得太多收益，投資效率也不佳。

不過，在上漲走勢中出現股價天花板，形成箱型股價區時，就是我們準備面對下一次下跌的期間。而在下跌走勢中出現的股價地板形成箱型股價區時，則是我們看準股價下次上漲的助跑期間。碰到股價天花板、地板，我們除了休息，心情上仍要隨時待命，準備好股價一發生變化就能馬上行動。

另一個適合休息的時刻，是在上漲走勢中，均線呈現 5 日線 > 20日線 > 60 日線的 PPP 狀態要崩塌的時候。

相場式訊號的基本運用方式，大多是藉由藍色 60 日線的傾斜方向來確認趨勢，並觀察紅色的 5 日線和綠色的 20 日線是否形成分歧、鳥嘴、N 大訊號。

　　當均線完成 5 日線＞ 20 日線＞ 60 日線的 PPP 狀態，或 60 日線＞ 20 日線＞ 5 日線的反 PPP 狀態，再搭配近期的高點、低點、整數關卡等其他指標組合技，訊號預測較容易成功。

當均線紊亂時，就休息

　　當均線的排列狀態紊亂，訊號的精準度就會稍微下降，這時不妨就乾脆休息。

　　我們假設在上漲趨勢中，原本均線的排列為 5 日線＞ 20 日線＞ 60 日線，結果 5 日線跌破 20 日線，進入 20 日線和 60 日線中間。

　　如果 5 日線短時間內再次超過 20 日線，那上漲趨勢就會持續；要是不只跌破 20 日線，又繼續跌破 60 日線的話，則暗示將轉換為下跌趨勢。基本上投資人很容易從中進行買賣決策。

　　但是，5 日線若未突破上方的 20 日線或下方的 60 日線，而是長時間陷入盤整狀態時，這種案例會很難判斷。接下來到底會再度超過 20 日線回到上漲趨勢呢？還是跌破 60 日線進入下跌趨勢？曖昧不明的盤整股價實在令人傷腦筋。

　　如果 5 日線有力地上下變動，股價看似往某個方向發展，而且伴隨下半身或反下半身訊號，那還可以讓人大展身手。

但若股價進入 20 日線和 60 日線之間，5 日線又呈現無力的盤整發展，就會很麻煩。由於無法判斷走勢往上或往下，暫時靜觀其變會是比較好的做法。

在趨勢持續的過程中，暫時出現相反方面的變動，也會很難做判斷，這種時候不妨乾脆休息吧。

在休息放鬆的時候，可以反覆閱讀我的著作，也可以觀看線圖。有精神的話，就來練習看千張線圖；如果沒那麼有幹勁，至少可以每天悠閒地看數檔個股的線圖，將時間花在提升實力上。

圖 57 是適合休息的股價變動案例，在持續強烈的上漲趨勢中出現暫時下跌，或是在持續強烈的下跌趨勢中出現暫時上漲。在下跌趨勢中，5 日線向上突破 20 日線，甚至繼續上漲觸碰 60 日線，或是碰到 60 日線之前反彈回跌，這些時候都很難操盤。

是會繼續下跌，加速下跌趨勢呢？還是突破 60 日線，持續上漲呢？這些發展是股價本身也很難決定的。

遇到這種案例時，請先休息，直到找到其他的線圖訊號，例如股價無法刷新高點、未跌破低點、突破整數關卡等。

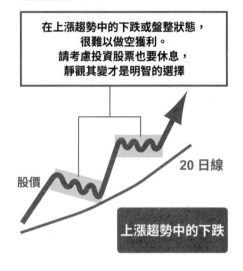

圖 57 漲跌趨勢中的休息時間

在上漲趨勢中的下跌或盤整狀態，
很難以做空獲利。
請考慮投資股票也要休息，
靜觀其變才是明智的選擇

股價

20 日線

上漲趨勢中的下跌

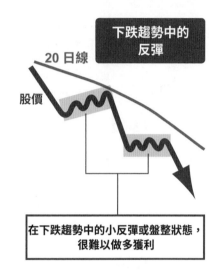

下跌趨勢中的
反彈

20 日線

股價

在下跌趨勢中的小反彈或盤整狀態，
很難以做多獲利

股價暴跌後的反彈上漲、股價暴漲後的急跌，都非常清楚明瞭。
反觀波動不明的股價，則了無生趣。

請看下一頁**圖 58**，這是日本航空的股價線圖。這個案例說明，即
使在下跌趨勢中看準小反彈，也無法順利獲利。因為投資人看著股價
長期下跌，一看到**A**的反轉上漲，就急躁地以為「已經跌這麼深了，
終於要轉為上漲了」。

結果投資人期待落空，股價並未正式反轉上揚。在**A**稍微反彈回
升後，又回到原本的下跌趨勢。

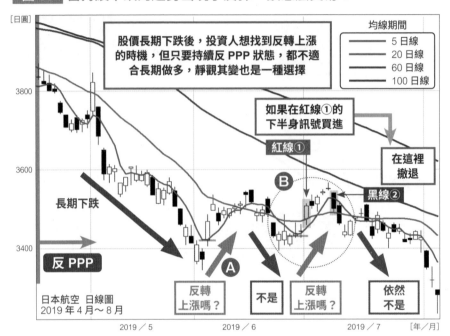

圖 58 當持續下跌的趨勢出現小反彈，該怎麼交易？

股價長期下跌後，投資人想找到反轉上漲的時機，但只要持續反 PPP 狀態，都不適合長期做多，靜觀其變也是一種選擇

均線期間
—— 5 日線
—— 20 日線
—— 60 日線
—— 100 日線

如果在紅線①的下半身訊號買進

紅線①

B

在這裡撤退

長期下跌

黑線②

反 PPP

日本航空 日線圖
2019 年 4 月～8 月

反轉上漲嗎？ Ⓐ

不是

反轉上漲嗎？

依然不是

2019／5　　　2019／6　　　2019／7　　　[年／月]

圖 58　股神解析

雖然均線的排列呈現反 PPP 狀態，但在長期下跌走勢中，仍有反轉上漲的跡象。看見Ⓐ的上漲與失速，預測股價「會在Ⓑ轉換趨勢」，因此在**紅線①**的下半身訊號買進，這個操作沒有問題。

但是，如果太過堅持期待股價上漲，長期持有多頭部位是很危險的。這個案例中，在**黑線②**撤退才是正確選擇。

投資人應像這樣注意「還在反 PPP 狀態所以氣勢疲弱」，盡早放開多頭部位。在這種曖昧的盤整狀態，請畫出高點和低點線，觀察股價是否突破其中一條線，會是比較好的做法。

當走勢發展來到 **B** 區，股價再度轉為上漲，令人心生「這次一定可以」的信心。而且就如淺綠色橫線所示，5 日線的低點升高，也加強了做多的依據。

我們假設在**紅線①**下單買進，此 K 線對 20 日線形成下半身訊號，因此這個投資策略本身並不差，但如果過度期待今後反轉上漲，則會投資失敗。在這個案例中也是，沒有出現太多獲利就回到原本的價格了。

受限於個人的偏執，而忽略整體下跌的反 PPP 狀態，是很危險的事情。**明明下跌趨勢已經加速，卻還死守著多頭部位不放，可能會得到慘痛代價。**

明明是不需要特地進場的時機，卻下單買進了，這種時候就必須利用 9 日法則和股價對 5 日線形成的反下半身訊號，判斷逃跑的時機。我要在這裡嚴正聲明，技術尚未到家的初學者，不必勉強挑戰這種走勢。

如果是進階班的投資人，只要線圖持續反 PPP 狀態，也許就會是看準股價加速下跌，來進行放空的勝負關鍵。

暴跌後的反彈停在 60 日線，就休息

　　在下跌趨勢中，即使股價轉為上漲，在碰到上方的 60 日線時又回跌了，這種個股在新冠疫情期間也常出現，這是投資人應該休息的代表案例。請看圖 59 電影公司東寶的股價線圖。

　　東寶的股價暴跌到 3 月中旬，後來雖然因為新冠疫情的影響，電影院持續歇業，但股價仍反彈回升。股價碰觸到地板後，5 日線的低點和高點屢創新高，可以視為氣勢相當強勁的反轉上揚。

　　在暴跌後仍不確定是否會持續反轉上揚的走勢中，**會掀起一波目標藍色 60 日線的股價「攻防戰」**。無論任何型態的暴跌，在反轉上揚時都會面臨這場攻防戰，這是股價暴跌後的特徵。

　　在圖 59 的放大圖之中短暫形成了 Ⓐ 的箱型股價區，亮起下半身訊號的**紅線①**突破了箱型股價區的上限，是相當適合挑戰的買進點。

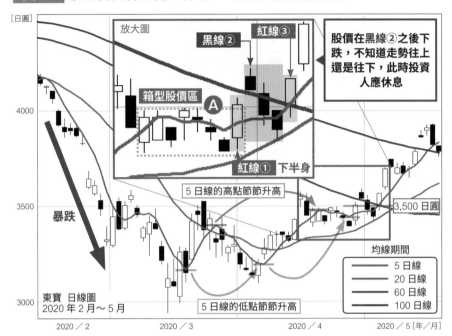

圖 59　暴跌後反轉上揚，停在 60 日線時的股價變動

放大圖

黑線②　　紅線③

箱型股價區　Ａ

股價在黑線②之後下跌，不知道走勢往上還是往下，此時投資人應休息

紅線①　下半身

5 日線的高點節節升高

3,500 日圓

暴跌

均線期間
——— 5 日線
——— 20 日線
——— 60 日線
——— 100 日線

東寶　日線圖
2020 年 2 月～ 5 月

5 日線的低點節節升高

[日圓]

4000

3500

3000

2020／2　　2020／3　　2020／4　　2020／5 [年／月]

圖 59 股神解析

在暴跌之後的反彈上揚中，股價一定會試圖超越 20 日線、60 日線，最後突破 100 日線，進行這「三階段挑戰」。其中的 60 日線攻防戰是股價能否正式轉換為上漲趨勢的重要關鍵。只要向上突破 60 日線，就很有可能轉為上漲趨勢，投資人請跟上這波初期階段。

在這張圖中，有效的策略是在**紅線①**（下半身訊號）做多，接著在**黑線②**之後的下跌時做空以防萬一，然後在**紅線③**（再次出現下半身訊號）追加做多。初學者在**紅線①**買進後預測失敗，就應該迅速脫手，然後在**紅線③**重新買進。

接下來，股價在**黑線②**突破了 60 日線，但因為是黑線，給人氣勢疲弱的印象，接著連續兩根黑線，股價跌破 60 日線。

這個小回跌正是股票投資適合休息的時候。包含**黑線②**在內，連續出現三根黑線，而且跌破了 60 日線，令人不禁考慮是否該做空，但是股價並未跌破箱型股價區 Ⓐ 的下限和綠色的 20 日線，也無法確定會加速下跌。話雖如此，因股價跌破了箱型股價區 Ⓐ 的上限，所以也不敢繼續做多。

決定觀察後，看到接著出現的**長紅線③**對 5 日線和 60 日線都形成下半身訊號，而且在箱型股價區 Ⓐ 的上限（3,500 日圓的整數關卡）反轉上漲，因此重新買進才是正確選擇。

20 日線與 5 日線
交會時的抉擇

容我重複說明，「5 日線＞ 20 日線＞ 60 日線的 PPP 狀態崩塌轉為盤整時」以及「60 日線＞ 20 日線＞ 5 日線的反 PPP 狀態崩塌轉為盤整時」，就請先休息。

因為這種時候，很難判斷走勢會往上還是往下。

下一頁**圖 60** 就是一個具體的案例。「**線圖Ⓐ**」是**圖 37**（分歧訊號的失敗案例）博報堂 DY 控股公司的股價線圖，「**線圖Ⓑ**」則是**圖 49**（N大的失敗案例）日經平均股價指數的變化。

在「**線圖Ⓐ**」博報堂 DY 控股公司的案例中，分歧訊號失敗後，均線的排列就從 PPP 狀態變為 20 日線＞ 5 日線＞ 60 日線。接著，均線在 Ⓐ 處變得聚集，並且出現短暫跌破 60 日線的**黑線①**，讓人以為股價要下墜了，結果卻反轉上漲，最後回到了上漲趨勢。

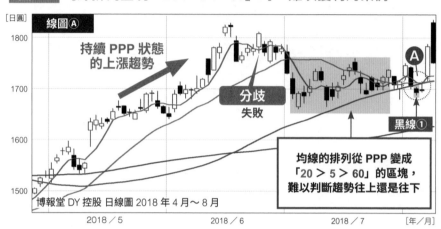

圖60 均線排列呈現「20 > 5 > 60」時，難以獲利的案例

線圖Ⓐ

持續 PPP 狀態
的上漲趨勢

分歧
失敗

Ⓐ

黑線①

均線的排列從 PPP 變成
「20 > 5 > 60」的區塊，
難以判斷趨勢往上還是往下

博報堂 DY 控股 日線圖 2018 年 4 月～8 月

2018／5　　2018／6　　2018／7　　[年／月]

線圖Ⓑ

均線的排列從反 PPP 變成
「60 > 5 > 20」，
雖然 N 大訊號預測失敗了，
但可以觀察 60 日線

買進的 N大
失敗

持續
反 PPP 狀態
的下跌趨勢

日經平均股價指數 日線圖 2007 年 12 月～ 2008 年 4 月

2008／1　　2008／2　　2008／3　　[年／月]

圖 60 股神解析

從 PPP 狀態變為「20 日線＞ 5 日線＞ 60 日線」和從反 PPP 狀態變為「60 日
線＞ 5 日線＞ 20 日線」的時候，很難判斷趨勢會持續還是轉換。請一邊休息，
同時監看是否出現趨勢往上或往下的訊號。

「線圖Ⓑ」的日經平均股價指數則是從反 PPP 狀態開始反轉上漲，均線的排列變為 60 日線＞5 日線＞20 日線。雖然出現 N 大訊號，讓人以為股價要上漲了，結果反而下跌。

當均線的排列為 20 日線＞5 日線＞60 日線（或 60 日線＞5 日線＞20 日線）時，請抱著兩種可能性來觀察股價變化。

這兩種可能性是「**突破 60 日線之後轉換趨勢**」和「**在 60 日線前反轉，持續原來的趨勢**」。

圖 60 的「線圖Ⓐ」和「線圖Ⓑ」都持續著原來的趨勢。但是，「**線線圖Ⓑ**」的日經平均股價指數在 N 大訊號失敗後看起來會超過 60 日線，並且轉換趨勢。

下一頁圖 61 是太平洋水泥的股價線圖，最後出現了大暴跌。

在暴跌前 2 個月的 Ⓐ 區，均線的排列從 PPP 狀態變為 20 日線＞5 日線＞60 日線。此時股價並未暴跌，反而還回到上漲趨勢。

圖61 20＞5＞60日線的趨勢持續／轉換案例

[日圓]

Ⓐ和Ⓑ的均線排列都是 20＞5＞60，但仔細觀察就能發現許多訊號和標誌暗示趨勢向上或向下

股價 5,000 日圓

反N大

Ⓐ

Ⓑ

轉換為下跌趨勢

變成 20＞5＞60

變成 20＞5＞60

紅線②
下半身

黑線①

長黑線③
反下半身

均線期間
—— 5 日線
—— 20 日線
—— 60 日線
—— 100 日線

太平洋水泥 日線圖
2017 年 9 月～2018 年 2 月

2017／10　　2017／11　　2017／12　　2018／1　　[年／月]

黑線①在藍色的 60 日線前止跌，之後出現的**紅線②**對 5 日線形成下半身訊號，觀察到這些細微的訊號之後，就可以預測「股價不會在這裡轉換趨勢，而是重回上漲趨勢」，並且在**紅線②**下單買進。

在 2 個月後的Ⓑ區，均線的排列變為 20 日線＞5 日線＞60 日線之後，股價似乎同樣會暫時重回上漲趨勢，但是此時出現了**長黑線③**，亮起反 N 大訊號，而且這根**長黑線③**對 5 日線到 60 日線形成強烈的反下半身訊號，一路走向暴跌。

這兩者之間有什麼不一樣呢？**B**區如同**A**區先發生急跌，接著在 5000 日圓的整數關卡被壓下來兩次，再加上均線彼此靠攏，出現朝向下跌的徵兆。

如果確實觀察到這些變化，在出現長**黑線**③時應該就能做好萬全準備，下手放空。

雖說投資股票也要休息，但休息並不是呆呆看著股價變動就好。請看圖 62，這張圖和圖 61 一樣是太平洋水泥的股價線圖，均線的排列也是「20 > 5 > 60」（**A**和**B**區）。

圖 **62** 20 > 5 > 60 的「休息時間」與覺醒時刻

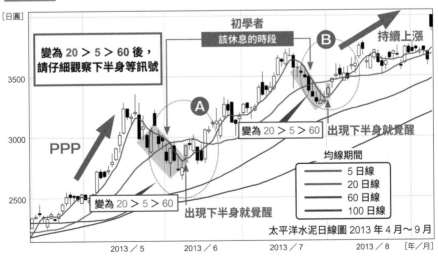

紅色的 5 日線跌破綠色的 20 日線是相應的「事實」，跌破代表和原先強勁的走勢呈反向移動，因此，在圖上的綠色區塊是適合「休息」的時候。

　　不過，休息的時候也要謹記往上和往下這兩種走向，觀察股價的細微變動。**只有交易休息，觀察則不休息。**

　　股價下跌且 5 日線跌破 20 日線之後，出現了下半身訊號，5 日線便再度往上走……看見這樣的發展，你應該想到「股價看起來會重回上漲趨勢，這是買進的機會」，並且從休息中覺醒。

　　最後請看**圖 63**，這是日本電視台的股價。股價跌到 60 日線和 100 日線之下，在 Ⓐ 區進入盤整狀態。仔細觀察這個盤整狀態，就會注意到**黑線**Ⓐ形成反下半身訊號，並且一舉跌破 2,000 日圓的整數關卡，因此可以進行放空。隔天出現**黑線**Ⓑ，高於我們放空的價格，接著出現的則是**紅線**Ⓒ，雖然股價大幅下跌，但開低走高，因此先將空單出掉。

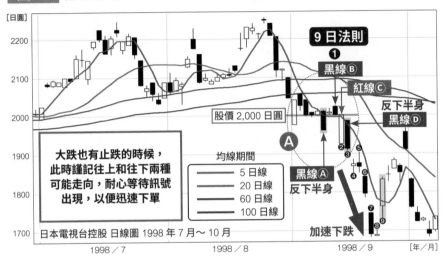

圖 63 在止跌局面等待走勢明朗的案例

[日圓]

均線期間
5 日線
20 日線
60 日線
100 日線

大跌也有止跌的時候，
此時謹記往上和往下兩種
可能走向，耐心等待訊號
出現，以便迅速下單

股價 2,000 日圓

9 日法則
①
黑線 Ⓑ

紅線 Ⓒ

反下半身
黑線 Ⓓ

黑線 Ⓐ
反下半身

加速下跌

日本電視台控股 日線圖 1998 年 7 月～ 10 月

1998 ／ 7   1998 ／ 8   1998 ／ 9   [年／月]

　　然後，出現了**黑線Ⓓ**，不僅形成反下半身訊號，而且被近期的盤
整股價下限壓著打，因此，我們應該在**黑線Ⓓ**再次勇敢放空。接下來，
運用 9 日法則，在第九根 K 線出現紅線為止，我們都能藉由放空賺取
收益。

　　長期投資股市後，你就會發現，股市一定有持續長期盤整、做多
做空都不賺錢的「風平浪靜」時期。

　　那麼，如果硬是在箱型股價區操盤呢？在股價變動幅度小的箱型
股價區，常常一做多就下跌，一做空就上漲，獲得這種「連環巴掌」

伺候，可以說是賠了夫人又折兵，不僅賠錢還傷神。

　　每天耗損精神投資，並不適合現在的新時代。我們應該要善用相場式訊號來有效獲利。

　　該休息的時候就休息，提升股票投資力之後，你將會看到不一樣的世界。在家就能賺錢，是股票投資的優點，但光是這樣還不足以過快樂的生活。

　　用力買、用力賣、用力學、用力玩，在如同新冠疫情這樣的不確定時期，就用這種方式生活吧！

後記

散播股票投資的美好

　　本書不只收錄成功案例，也大量介紹了失敗案例，讀者可藉此了解相場式訊號適用的地方、不適用的地方以及容易出錯的地方，徹底驗證我們介紹的交易訊號。

　　當新冠疫情造成股市股價暴跌的時候，我開始執筆本書，但這次的暴跌和過去不同，之後並未出現反轉下跌或是第二谷底這類現象，而是持續直線反彈上揚。

　　別說是疫情造成的衝擊了，這簡直是疫情泡沫化。

　　股價暴漲時要注意什麼？沒錯！就是最高價所形成的箱型股價區。閱讀過本書，一定馬上就能想到。

　　此外，當股價數次挑戰整數關卡卻無法成功，以及長短期的均線互相靠攏時，請好好觀測接下來的走勢變化。

如果股價持續陷入疫情泡沫化，那就善用分歧訊號，等待暫跌買進點，進場買進後再運用 9 日法則，將獲利延伸到最大。

日語中有這麼一句話：「『學』是模仿，『習』是熟悉。」

從疫情發展以來，種種現象已經證明，**股價變動並非反映經濟的變化，而是反映人心的一面明鏡。**因此，未來的變化一定都能從過去的股價變動中看出端倪。

人心不會進化成電腦，**所有股價變動都是過去人類所經歷過的。**

只要向過去學習，就能拋開驚慌和焦慮。對我的股票道場的學生來說，暴跌不過是司空見慣的現象。

至於疫情帶來衝擊之後扶搖直上的股價，也如同本書提到「暴跌後必有反彈上漲」的道理，只要明白這個道理，就能輕鬆獲利。

所有的答案都寫在股價線圖上。當 5 日線突破 20 日線之後短暫下跌，形成 N 大訊號，此時進場買進，就能輕鬆開闢獲利之路。只要模仿過去的經驗即可。

這本書並不局限於疫情暴跌前的「微幅震盪」和在那之後的「極端下跌」，也羅列了後續發展的線圖。

因為暴跌之後緊接著的是，股價從谷底復活以及之後的微幅震盪，還有往上或往下走的可能性。

　　我所精挑細選的這些範例線圖，是各位在新冠疫情時期操盤時，一定會遇到並且獲利的場面。

　　本書所匯集的內容，無論過去、未來的任何時代，都能派上用場。搭配相場式訊號的細心解說，將讓這些訊號成為投資的鋒利工具。

　　無論疫情是否帶來衝擊，股價變動原理都沒有太大的變化，但我本人卻因為疫情而有一點點不同了。

　　我學會使用線上視訊工具 ZOOM，可以運用「分享畫面功能」，輕鬆將相場式訊號畫在電腦的線圖上，實際演練相場式股票技巧。

　　話雖如此，我還是想和各位直接面對面，凝視每一雙眼睛，帶著笑容伺機插入笑話，以未經機器壓縮的聲音，將投資股票的美好和各位分享！

　　我想和與我一樣熱愛股票的人，在充滿溫度、熱情的空間相聚，交流切磋投資技術！

　　我所經營的股票道場長年透過非營利組織「日本全球孩童疫苗募

集協會」（Japan Committee, Vaccines for the World's Children），持續進行各種捐助活動，為全世界的疫苗普及盡一份心力。

包含新冠肺炎在內，每 20 秒就有一名孩童因未接種疫苗而喪命。

衷心期盼疫情獲得控制，然後我們**再繼續熱切、深入地討論股票投資技術吧**。期待那一天到來！

您也想要習得
穩定的獲利能力嗎？

\以自己的步調學習/

免費課程

- 從初學者到股市老手都適用！
- 超過5小時的線上講座看到飽！
- 體驗日本職人的操盤技術！
- 定期寄送投資資訊電子報！

從此把股市當提款機領錢的2個重點大公開！！

請掃描此QR碼
並加入免費會員 ➡
開始學習！

國家圖書館出版品預行編目 (CIP) 資料

63 張圖，教你漲跌都能賺 / 相場師朗作；張
瑜庭譯 . -- 初版 . -- 臺北市：今周刊出版社股
份有限公司 , 2021.12
224 面；17×23 公分 . -- (投資贏家系列；54)
譯自：株で月 10 万円稼ぐ！相場式暴落 &
暴騰で儲ける株のトリセツ

ISBN 978-626-7014-26-4 (平裝)

1. 股票投資　2. 投資技術　3. 投資分析

563.53　　　　　　　　　　　110017472

投資贏家系列 054

63張圖，教你漲跌都能賺
株で月10万円稼ぐ！相場式暴落＆暴騰で儲ける株のトリセツ

作　　者	相場師朗
譯　　者	張瑜庭
責任編輯	李韻
校　　對	許訓彰、李韻
副總編輯	鍾宜君
行銷經理	胡弘一
行銷專員	林律涵
封面設計	FE設計
內文排版	簡單瑛設

發 行 人	梁永煌
社　　長	謝春滿
副總經理	吳幸芳
副 總 監	陳姵蒨

出 版 者	今周刊出版社股份有限公司
地　　址	台北市南京東路一段96號8樓
電　　話	886-2-2581-6196
傳　　真	886-2-2531-6438
讀者專線	886-2-2581-6196轉1
劃撥帳號	19865054
戶　　名	今周刊出版社股份有限公司
網　　址	http://www.businesstoday.com.tw

總 經 銷	大和書報股份有限公司
製版印刷	緯峰印刷股份有限公司
初版一刷	2021年12月
定　　價	360 元

KABU DE TSUKI 10 MAN-EN KASEGU！
AIBASHIKI BOURAKU & BOUTOU DE MOUKERU KABU NO TORISETSU
by
Shiro Aiba
Copyright © 2020 by Shiro Aiba
Original Japanese edition published by Takarajimasha, Inc.
Traditional Chinese translation rights arranged with Takarajimasha, Inc.
through Keio Cultural Enterprise Co., Ltd., Taiwan.
Traditional Chinese translation rights © 2021by Business Today Publisher

Investment

Investment

Investment

Investment